今から始める・見直す

管理会計の仕組みと実務がわかる本

公認会計士
梅澤真由美 著
UMEZAWA, Mayumi

MANAGEMENT ACCOUNTING

中央経済社

は じ め に

『事件は会議室で起きてるんじゃない！　現場で起きているんだ‼』（連続テレビドラマ『踊る大捜査線』より）

　2000年代に人気の高かった警察ドラマの中で，織田裕二さん扮する青島刑事がたびたび口にする決めぜりふです。これは，管理会計に求められることに通じています。

　管理会計は「現場」，つまり会社の中で実際に使われてはじめて価値が出る会計です。一方で，管理会計に関するセミナーや書籍は，理論を扱ったものが大半という現実があります。前述のセリフに照らすと，会議室＝「理論」はある程度は必要ですが，本当に向き合うべきは，現場＝「会社の中の実務」だとわたしは考えています。

　なぜそうかといえば，わたし自身が十数年前に，管理会計の理論と実務のあいだに立ちふさがる壁に苦しんだ経験があるからです。監査法人から事業会社に移って管理会計の担当となったわたしは，管理会計を理解したいと思い，セミナーや書籍に手がかりを求めました。しかし，実務にそのまま使えるようなものは残念ながら見つかりません。会計のプロである公認会計士のわたしがこれだけ困るということは，世の中にはもっと悩んでいる会社や人がいるのではないかと思い至りました。

　これが，管理会計の専門家になったきっかけです。本書は，管理会計実務に関するセミナーを書籍化したものです。セミナーのアンケートで，管理会計の中級以上の方からは「わかりやす過ぎる」という声をいただくこともあります（苦笑）。したがって本書は「管理会計がすでにわかっている方」よりも，「わかっていない方」により向いています。

　例えば，

　「財務会計の知識はある程度あるが，管理会計はよくわからない」

「これから社内で管理会計を作っていくので，効果的に進めたい」
「予算作成について口を挟む関係者が多すぎて，なかなか前に進めない」
という方が，
「何から始めたらよいのかがわかった」
「どう見直せばよいかイメージできた」
と管理会計を「今から始める」「見直す」ことをゴールにしています。

　管理会計が何なのか，何をしたらいいのかわからずにもがいていた十数年前のわたしに，この本を贈ります。手探りの日々のなかで議論に付き合い伴走してくれた上司と同僚，執筆の機会をいただきました中央経済社の坂部さま，そして応援し続けてくれる家族に心から感謝します。

　平成30年　小寒の日に

　　　　　　　　　　　　　　　　　　　　　　　　　　梅澤　真由美

■ 本書の構造・章建て

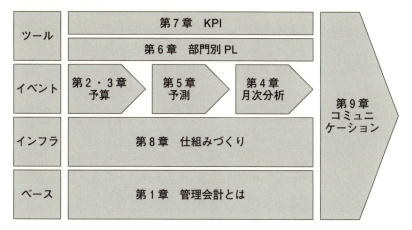

■ 本書の使い方

① 管理会計全般を理解したい方は
「第1章　管理会計とは」から順番に読み進んでください。
② 主に予算管理について知りたい方は，
「第2・3章　予算」「第4章　月次分析」「第5章　予測」を中心に読んでください。
③ 管理会計を活用して各部門の業績管理を行いたい方は，
「第6章　部門別PL」「第7章　KPI」を中心に読んでください。
④ 管理会計の業務の構築や改善に取り組みたい方は，
「第8章　仕組みづくり」「第9章　コミュニケーション」を中心に読んでください。

各節の最後に「まとめ」があります。管理会計は「実務での実践」がすべてですので，この「まとめ」も「実務で何をしたらよいのか」という「実践」の視点で書いています。「アクションリスト」として，また重要な点の復習用として活用してください。

CONTENTS

第1章 管理会計とは

第1節 管理会計とは … 2
1 管理会計と「天気予報」の意外な共通点 … 2
2 管理会計の目的は業績改善 … 4
3 制度会計に比べて深く広い管理会計 … 5
  (1) 一般的な比較：管理会計は社内向けでルールがない … 6
  (2) 実務面からの比較：管理会計は対象範囲がとても広い … 6
  (3) まとめ：管理会計は優先順位付けが重要 … 8

第2節 「実務」としての管理会計 … 10
1 実務の管理会計は3段階ある … 10
2 管理会計は予算管理から始めよう … 11
3 年間スケジュールを理解するのが大事 … 12
  (1) 予算管理の主なイベントは3つ … 13
  (2) スケジュールは先取りして，連動させる … 15

第2章 予算のつくり方＜準備編＞

第1節 予算の位置づけと種類 … 18

1	予算の位置づけを理解しよう	18
(1)	予算は到達したい目標である	18
(2)	予算は2つの要件をバランスよく達成すべき	19
2	予算には社内用予算と社外用予算の2種類がある	20
(1)	社外向け予算と社内向け予算	20
(2)	コツの1：限られた項目だけをわかりやすく変化させる	22
(3)	コツの2：2種類両方をすべての人に公開しない	24
(4)	コツの3：報告時にはどちらの予算なのかを必ず明示する	25
(5)	コツの4：2つの予算はつくりやすいほうからつくる	25
3	予算の成果物は損益計算書と前提資料	26

第2節　予算作成の流れ …… 28

1	予算作成は準備編と本番編の2ステップ	28
2	2つのアプローチを併用しよう	29
(1)	トップダウンとボトムアップ	29
(2)	それぞれのメリットとデメリット	29
3	準備編はトップダウンで	31

第3節　予算作成の準備 …… 33

1	まず「発射台」をつくる	33
2	概略版損益計算書をつくる	34
3	経営者と共有する	35
(1)	経営者向けのフォーマットを用意する	35
(2)	経営者と双方向でコミュニケーションする	37

第3章 予算のつくり方＜本番編＞

第1節　情報を集める …… 40

1　各部からの情報収集用のフォーマットを工夫する …… 40
(1) 金額欄が空欄の損益計算書はNG …… 40
(2) 項目ごとのフォーマットを使おう …… 41

2　各部門独自のフォーマットを転用する …… 42
(1) 活動実態に合った予算を作成できる …… 42
(2) 一方，事業に対する理解が大幅に必要になる …… 44

3　スケジュールを共有しよう …… 46

4　予算項目を効果的に分担しよう …… 47
(1) どの部門に数字を出してもらうか …… 47
(2) 責任を明確化する …… 49

5　予算数字の計算方法は2種類ある …… 50
(1) 乗算型 …… 51
(2) 加算型 …… 51

第2節　集計する …… 53

1　予算のフォーマットは月別損益計算書 …… 53
2　年度合計の数字を月別に按分する …… 56
3　予算の勘定科目は社内利用されるものを選ぶ …… 58
(1) 管理会計か制度会計か …… 58
(2) 作成したものを組み替える …… 60

第3節　数字を確認する …… 62

1　2つのチェック方法を併用する …… 62
(1) 「ロジックチェック」で，数字の正しさをまず確認する …… 63
(2) 「ストーリーチェック」で，経営者からの見え方を確認する …… 64

2　「ロジックチェック」の具体的な方法 …… 65
(1) 変動費は％で，固定費は金額で比較する …… 66
(2) まとまりから個別の流れで見る …… 68
(3) 半期，四半期の配分にも目を配る …… 70

3　「ストーリーチェック」の具体的な方法 …… 71
(1) 「少しの余裕」を攻略する …… 71
(2) 正しい予算の定義は，会社とビジネス次第で異なる …… 73

4　チェック用フォーマットで効率的に作業する …… 74
(1) フォーマットで必要な情報を一元管理する …… 74
(2) 方針をはっきり決めてチェックする …… 75

5　チェック後の対応はその後を左右する …… 83
(1) 経営者と事前に話してもらうよう各部門長にお願いする …… 84
(2) 各部門が主張する前提を整理し，言語化する …… 84

第4節　経営者の承認をもらう …… 86

1　最終版は保管しよう …… 86
2　各部門へ結果を共有しよう …… 86

第4章 月次決算分析のしかた

第1節 月次決算分析の概要 …………………………………… 90

- **1** 比較から始める月次決算分析 ………………………………… 90
  - (1) 勘定科目での比較をしよう ………………………………… 90
  - (2) 「比較を制する者は管理会計を制する」 ………………… 91
- **2** 月次決算分析に力を入れるべき3つの理由 ………………… 92
- **3** 比較の原則 ………………………………………………………… 95
  - (1) 比較対象は前期と予算 ……………………………………… 95
  - (2) 「主体的」な比較を目指す ………………………………… 95
  - (3) 比較が成立するための2つの条件 ………………………… 96
  - (4) 累計期間は単月の積み上げでしかない …………………… 98
- **4** フォーマットを工夫する ………………………………………… 98
  - (1) フォーマットの例 …………………………………………… 98
  - (2) 月次分析の報告は経営者目線で準備する ………………… 100

第2節 前期比較 ……………………………………………………… 101

- **1** 「ありもの」の仕組みを活用する ……………………………… 101
  - (1) 補助科目と部門コードを活かす …………………………… 101
  - (2) 出来事カレンダーをつくっておく ………………………… 102
- **2** 差異の性質ごとに調べ方を変える ……………………………… 102

第3節 予算実績比較 ………………………………………………… 104

- **1** 「ありもの」の仕組みを活用する ……………………………… 104

| 2 | 差異の性質ごとに調べ方を変える ……………………… 104
| 3 | 予算実績比較には限界がある ……………………………… 105

第5章 四半期予測のしかた

第1節　予測の位置づけ ……………………………………… 108

| 1 | 予測は「大学入試の模擬試験」と同じ ……………………… 108
| 2 | 予測は予算達成の確実性を上げるツール ………………… 110
　(1) 予測を行う目的 ……………………………………………… 110
　(2) 現実的な着地見込み ……………………………………… 110
| 3 | 予測を使って予算との距離を計る ………………………… 112
　(1) 予算との比較で次の行動を考える ……………………… 112
　(2) 実績との比較で行動計画をチェックする ……………… 113
| 4 | 予測と修正予算はまったくの別モノ ……………………… 114
　(1) 修正予算はあくまで予算 ………………………………… 114
　(2) 予算と予測の違いを明らかにする ……………………… 114
| 5 | 予測の作成は四半期ごとに ………………………………… 115
　(1) 予測にとって大事なこと ………………………………… 115
　(2) 四半期ごとが合理的な理由 ……………………………… 116
　(3) 頻度をもっと高くするには ……………………………… 118

第2節　予測作成の進め方 …………………………………… 121

| 1 | 予測の作成は，予算作成の「本番編」だけ ……………… 121

2 予測作成実務のポイント・その1
～「(1)情報を集める」から「(3)数字を確認する」まで～ …… 122

(1) 年度予測の中身は実績と予測が混在する …………………… 122
(2) 「差分方式」の予測作成が実務では効率的 ………………… 124
(3) 「階段チェック」で予測特有のエラーを防ぐ ……………… 128
(4) 「ストーリーチェック」にて，経営者の視点で確かめる …… 130

3 予測作成実務のポイント・その2
～「(4)経営者の承認をもらう」～ ……………………………… 131

(1) 予算より弾力的に運用可能 …………………………………… 131
(2) フォーマットも予算とできるだけ共通に …………………… 131
(3) 予算を達成するための行動アイデアを集めておく ………… 134
(4) 前提が異なる複数のシナリオを検討する …………………… 135
(5) ニーズを踏まえて経営者へ伝える …………………………… 136

第3節　予測実績比較の意味 ……………………………………… 138

1 予測と実績を比べることで計画を修正する ……………… 138

第4節　予測実績差異の意味 ……………………………………… 140

1 予測実績差異からは膨大な情報が得られる ……………… 140
(1) 実績側の原因は経理部門とともに対応する ………………… 140
(2) 予測側の原因は予測精度向上の大きなヒント ……………… 141

2 差異への対応で予測の価値が決まる ……………………… 142

第5節　月次決算分析での予測実績比較 ………………………… 143

1 予測実績差異の分析は，決算数値が締まる「前」に ……… 143
2 月次分析での経営者用への報告は視点を絞る …………… 144

第6章 部門別損益計算書のつくり方・活かし方

第1節　部門別損益計算書はなぜ必要か ……… 148

1. 部門別損益計算書は，作ったあとの「使う」が大事 ……… 148
2. 状況の正しい理解と当事者意識の向上 ……… 149
3. 意思決定，順位づけ，ベンチマーキング ……… 150

第2節　部門別損益計算書の形式 ……… 152

1. 「同類」と「異類」の2種類がある ……… 152
2. 部門分けは事業の実態に即して行う ……… 153
3. 共通費の配賦は，配賦基準とグループ単位で決まる ……… 154
4. 本社費の配賦にはリスクがある ……… 155
   - (1) コストの配賦は「責任の配賦」につながる ……… 156
   - (2) 全員が納得する配賦基準はない ……… 156

第3節　部門別損益計算書の扱い方 ……… 158

1. 予算では，部門別損益計算書の作成は必須ではない ……… 158
   - (1) 本当に必要なツールなのか ……… 158
   - (2) 部門単位が多ければ作成したほうがいい ……… 159
2. 部門別損益計算書はしっかり月次決算分析しよう ……… 160
3. 予測では，部門別損益計算書作成の必要性は低い ……… 162

CONTENTS 9

第7章 KPIのつくり方・管理のしかた

第1節　KPIの見つけ方・使い方 …………………… 164

1. KPIとは ……………………………………………… 164
2. KPIには，財務的KPIと非財務的KPIがある ……… 165
3. KPIの特性を正しく理解しよう ……………………… 166
4. KPIの効果は，分担と進捗管理を可能にすること …… 168
   (1) 分　担 ……………………………………………… 168
   (2) 進捗管理 …………………………………………… 169
5. コミュニケーションを通じてKPIを見つけよう …… 169
   (1) 財務的KPI ………………………………………… 169
   (2) 非財務的KPI ……………………………………… 170
6. 戦略次第でKPIは変わる …………………………… 170
   (1) 戦略や業務に合致したものを選ぶ ……………… 170
   (2) ある外資系IT会社の例 …………………………… 171
7. KPIを効率よく管理する …………………………… 172
   (1) 1つのKPIは1つの部門で管理する ……………… 172
   (2) シンプルに定期的にデータを提供する ………… 173

第2節　KPIの扱い方 ……………………………… 174

1. 予算でのKPIへの落とし込みはとても重要 ………… 174
2. KPIの月次決算分析は予測との乖離幅次第 ………… 175

| 3 | KPIの予測には力を入れるべき ……………………… 175
| 4 | KPIには,「ストック型」と「フロー型」の2つがある …… 176

第8章 管理会計の仕組みづくり

第1節　管理会計の仕組みづくりの方針 …………………… 180

| 1 | 管理会計の仕組みは3つの要件を満たすべし …………… 180
  - (1) スピードと正確性 …………………………………… 180
  - (2) 依頼者とそのニーズ ………………………………… 181
| 2 | 仕組みが抱える課題はどの会社でも似ている ………… 181
| 3 | 課題に対する解決の方向性を持つ ……………………… 183
  - (1) データが手元にはなく，システムの中にある ……… 183
  - (2) 実績数値と将来数値ではデータの形式が異なる …… 184
  - (3) 提出するときの形式やフォーマットが決まっていない …… 185

第2節　具体的な仕組み …………………………………… 186

| 1 | 会計システム，データベース，報告用資料の3ステップで構成しよう ………………………………………… 186
| 2 | データベースは設計が大事 ……………………………… 187
  - (1) データベース化すべきものを特定する ……………… 187
  - (2) データベースの中身の数字を決める ………………… 189
  - (3) データベースの形式が効率を大きく左右する ……… 189
  - (4) データベースの更新方法まであらかじめ決めておく …… 191
| 3 | 報告用資料はデータベースと切り離す ………………… 192

| 4 | 実務の効率化の鍵はフォルダとファイルが握る ……… 195
　(1) ファイルの置き場所が誰でもすぐにわかる ……………… 195
　(2) 何のファイルなのかがすぐわかる ……………………… 198
| 5 | 管理会計システムは必須ではない ……………………… 200
　(1) 管理会計システムの類型と特徴 ………………………… 200
　(2) エクセルでの構築が現実的なことも …………………… 201
| 6 | 制度会計と管理会計はシンプルな関係に ……………… 202
　(1) 原則として一致が好ましい ……………………………… 202
　(2) 不一致調整のルールをつくる …………………………… 204

第9章 管理会計のコミュニケーション

第1節　管理会計に必要なコミュニケーション ………… 206

| 1 | コミュニケーションの役割はインプットとアウトプット … 206
　(1) 「インプット」としてのコミュニケーション ………… 207
　(2) 「アウトプット」としてのコミュニケーション ……… 207
| 2 | 実務の悩みは「あいだ」に存在する …………………… 208
　(1) 実績と予算の「あいだ」の悩み ………………………… 208
　(2) 事業と会計の「あいだ」の悩み ………………………… 209
| 3 | 解決の鍵は「相手」にある ……………………………… 210
　(1) 管理会計が相手にもたらすメリットを明確にする …… 210
　(2) Win-Winの関係を徐々に目指す ………………………… 210

第2節　経理部門の巻き込み ……………………………… 212

| 1 | 敵ではなく最強の味方 ……………………………………… 212
| 2 | 会計知識と会計システムの協働運用を期待する ……… 213
| 3 | 早期化と正確化というメリットを届ける ………………… 213

第3節　各部門からの協力と情報収集 …………………………… 216

| 1 | 各部門とのコミュニケーションが管理会計を支える ……… 216
| 2 | いつ，何を聞くかを明確に持つ ………………………………… 217
　(1) 大から小を意識して情報収集する ……………………………… 217
　(2) イベントの合間では，すかさず「改善」 …………………… 218
　(3) 突発的な依頼は関係構築のチャンス ………………………… 219
| 3 | 各部門との協力関係を築くための3つのポイント ………… 220
　(1) 経営者との関係性を活用する ………………………………… 220
　(2) 各部門のやり方を尊重する …………………………………… 222
　(3) 管理会計部門の裁量を活かす ………………………………… 223

第4節　経営者への報告 …………………………………………… 226

| 1 | 「時間」を使わせない ……………………………………………… 226
| 2 | 「頭」を使わせない ………………………………………………… 227
| 3 | 「気」を使わせない ………………………………………………… 228

第1章

管理会計とは

第1節　管理会計とは
第2節　「実務」としての管理会計

第1節　管理会計とは

1　管理会計と「天気予報」の意外な共通点

　管理会計とは何を指すのか，そして何が含まれるのか，その概要を整理したいと思います。

　各種の書籍やセミナーでも「管理会計とは……」という説明は冒頭に必ず含まれていて，聞いたことのある方は多いと思います。では，みなさん，一言で管理会計とは何なのか説明できますか？

　書籍やセミナーで紹介される管理会計は，言葉の定義であることが多いですね。そこで，本書ではあえて大まかなイメージをつかむことから始めましょう。

　下にある図は，「天気予報」と「天気・災害関連情報」です。実は，どちらかが「管理会計」を，もう一方は「制度会計」をイメージしています。それぞれどちらに当たるか考えてみてください。

　わかりましたか？　正解は，**「天気予報」が「管理会計」を，「天気・災害関**

図表1-1　会計のイメージ

天気予報

天気・災害関連情報
- 強い寒気で北日本を中心に荒天のおそれ
- ××県東部で震度3　津波の心配なし
- 猛吹雪や高波警戒＝東北の日本海側－気象庁
　　　　　　　　　︙

連情報」が「制度会計」を，それぞれイメージしています。なぜなのかを理解するために，まずはそれぞれのイラストの特徴を整理してみましょう。

天気予報は，
- 絵が使われていて理解しやすい
- アクションも提案している（例えば，熱中症に関する警戒度で熱中症への備えを促す）
- 将来情報を対象としている

といった特徴があります。

これに対して，天気・災害関連情報は，
- 文章のみで淡々と説明している
- モノサシが明確である（例えば，震度）
- 過去情報を対象としている

などの特徴がうかがえます。

さらに，この図だけではわからないものの，新聞でもインターネットサイトでも，天気予報はすぐに目に入る場所に表示され，天気・災害関連情報はそれより目立たない場所に表示される傾向にあります。

図表1-2　「天気予報」と「天気・災害関連情報」の比較

天気予報	天気・災害関連情報
●絵が使われていて理解しやすい ●アクションも提案 ●将来情報 ●すぐに目に入る場所に表示	●文章のみで淡々と説明 ●モノサシが明確 ●過去情報 ●やや目立たない場所に表示

実は，天気予報の特徴は，管理会計のあるべき姿と一致しています。具体的にいうと，「**将来についての有益な情報を利用者にわかりやすく伝える**」という**管理会計の目指すべき姿が，天気予報のなかで身近な形で実現されているのです**。洗濯指数や熱中症指数などを通じて，とるべきアクションまで提案する点で，天気予報は管理会計の理想の形に通じるものがあります。

これは決して偶然ではありません。天気予報と管理会計は，人または組織の

活動の方向性を示すという役割の点で共通しているため，特徴も一致して当然なのです。

管理会計のあるべき姿は「天気予報」。まずはこのイメージを頭に描いたうえで，管理会計の世界に入っていきましょう。

2　管理会計の目的は業績改善

それでは，管理会計は何を目指しているのでしょうか。管理会計の目的は，将来の業績改善であると一般にいわれます。これは，管理会計は「将来のための会計」といわれているように，**将来の業績を会社にとって好ましい方向に動かす役割を期待されている**ということです。

どのように管理会計が業績改善に結びつくのでしょうか。一般に物事を進めるとき，その流れはPlan‐Do‐Check‐Actという4つのステップに区分されます。

これに則って説明すると，Plan（計画）段階では，まず意思決定に役立てることができます。例えば，管理会計の1つの手法である部門別の損益計算書や段階利益に注目することで，「テコ入れすべき部門はどこか」「業績が悪い理由は何なのか」などを発見することができ，改善のためにとるべきアクションを決定することができます。

また，Do／Check（実行／確認）段階では，行動管理を可能にします。例え

図表1‐3　PDCAサイクル

ば，近年普及したKPI（業績管理指標）は，目標として指標と数値が設定されますが，日常の業務の進め方に細かく口を出す代わりに，そのKPIに対して進捗管理を行うことで，自主的な従業員の行動を促すことに役立ちます。年度初めに予算を設定し，年間をかけて進捗管理する予算管理も，プロセスではなく結果数値を使って管理するという点で同じ仕組みだといえます。

Act（改善）段階では，Do／Check（実行／確認）段階で入手した情報をもとに，改善計画を立てて，実行します。

このように管理会計は，計画段階では意思決定に，実行段階では行動管理に役立つのです。業績改善のためにPlan‐Do‐Check‐Actのどの段階が欠けてもダメですが，管理会計はこれらの全段階で機能することができます。そのため，管理会計は業績改善という目標を達成することができるのです。

図表1-4　管理会計と業績改善の関係

目的	段階	場面	管理会計の例
業績改善	Plan（計画）	意思決定	部門別PL，段階利益
	Do／Check（実行／確認）	行動管理	予算，予測，月次分析，KPI
	Act（改善）	改善の実行	改善策立案

3　制度会計に比べて深く広い管理会計

それでは，みなさんにはなじみ深いであろう制度会計と何が違うのかを考えてみたいと思います。1でお話したとおり，全体像のイメージでいえば，

　管理会計＝「天気予報」
　制度会計＝「天気・災害関連情報」

でした。ここからは，実務の中では切っても切り離せない制度会計との関係について，より具体的に見ていきましょう。

(1) 一般的な比較：管理会計は社内向けでルールがない

図表1-5 一般的な比較

	制度会計	管理会計
利用者	社外の投資家・株主	社内の経営者
目的	過去の業績報告	将来の業績改善
ルール	あり （金商法・会社法・会計基準）	なし

　一般に，管理会計と制度会計は，利用者，目的，ルールの3項目で比較されます。

　まず，制度会計は投資家や株主など社外の方を主な利用者としているのに対して，管理会計は社内の経営者を対象としています。

　また，制度会計が過去期間の業績報告を目的にするのに対して，管理会計は将来の業績改善（管理会計がどのように業績改善に結びつくかは 2 でお話したとおりです）を目指しています。

　さらに，利用者に情報を提供するための数字のつくり方や見せ方のルールについては，両者で大きく異なります。制度会計が，金融商品取引法や会社法，多数の会計基準などルールが明確に定められて各社がそれを守っているのに対して，管理会計にはルールがないため，各社それぞれユニークな運用をしています。

　制度会計は投資家が投資しようかどうかを判断するのに必要となる情報を提供する役割を担っており，そのためには一律の「ルール」に基づいて比較できることが重要です。一方で，管理会計は他社と同じ「モノサシ」での比較が求められないため，その会社がよいと思う形で取り組むことができるのです。

(2) 実務面からの比較：管理会計は対象範囲がとても広い

　ここまでは「利用者」側の視点で見た制度会計と管理会計の比較でした。今度は，わたしたち「作成者」側の視点で比較してみましょう。

図表1-6　実務面からの比較

	制度会計	管理会計
作成頻度	四半期・年次	常時
数値の種類	財務数値のみ	財務数値・非財務数値
数値の時制	実績のみ	実績・将来数値（予算，予測等）

　まず，作成頻度に着目してみましょう。制度会計には，数値を用意する，つまり数字を作成し報告する頻度は，四半期もしくは年次と最大で年4回あります。これらの回数は法律（具体的には金融商品取引法や会社法）が根拠になっています。一方，管理会計は「常時」と捉えることができます。この常時とは一体どういう意味なのでしょう。**「常時」とは，管理会計の利用者である経営者がほしいと言ったときは常に，という意味なのです。**

　実際のところ，どのくらいの頻度で要求されるかは，経営者の方の性格（筆者の経験上，経営者の方は概してせっかちな印象があります（笑））や，業種にもよります。例えば，小売業においてはPOSシステムが普及していますから，末端の店舗から1時間ごとに販売データが本社に転送されるのも一般的です。このような場合，新商品の販売開始日には，その売れ行きが注目されるため，1時間ごとに販売データを経営者に報告することがあります。この例のように，経営者にいつ数字を要求されても答えられる状態が，管理会計には求められるのです。

　続いて，数値の種類を見てみましょう。制度会計は基本的に，財務数値のみを主な対象にしています。財務数値というのは，損益計算書や貸借対照表を構成する勘定科目の数字や，その内訳となる数字だと思ってください。制度会計のゴールは，有価証券報告書や会社法計算書類を作成し公表することであり，この書類はほぼ財務数値のみから成り立っているといえます。一方で，管理会計は，これらの財務数値に加えて，非財務数値もその守備範囲とします。

　例えば，営業の受注率や製造現場での歩留り率など，いわゆるKPI（重要業

績評価指標。内容や位置づけなどは，第7章で詳しく扱います）も管理会計の対象とされます。これは，管理会計が最終目標を業績改善に置いていることと深く関係しています。現場の方々に業績改善に取り組んでいただくには，業績改善の中間目標であるKPIがわかりやすく，かつ取り組みやすいのです。よって，これを進捗管理することも管理会計の守備範囲といえます。

　3つ目に，数値の時制，つまり，いつの期間の数字を対象としているかについても，財務会計と管理会計ではやはり異なります。財務会計は，基本的に過去の数字である実績のみを対象としています。これに対して，管理会計で扱うのは，過去の実績に加えて，予算や予測といった将来の数字も含まれます。

　ここで，「あれ？　管理会計は将来を対象にしていることと矛盾している」と思った方がいるかもしれません。確かに，管理会計は将来の業績改善を目標とした将来を向いた会計ではありますが，だからといって，将来の数字のみ扱うわけではありません。予算や予測といった将来の数字は過去の数字の延長線上に必ず位置付けられるものなので，将来の数字としてよいものをつくるためには，過去の数字もきちんと把握し活用することが求められるのです。

(3) まとめ：管理会計は優先順位付けが重要

　作成頻度，数値の種類，数値の時制と作成者の視点から管理会計を見てみま

図表1-7　2つの会計と会社の数字の関係

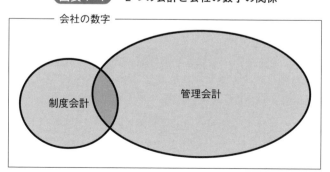

した。もうおわかりのように,管理会計は制度会計よりも範囲がとても広いのです。そして,管理会計は,会社に関する数字の大部分を守備範囲としています。このことから,実務として管理会計に取り組む場合には,どこから手をつけるのかは,とても重要なポイントとなるのです。

> ●第1節のまとめ
> - 管理会計は「天気・災害関連情報」ではなく,「天気予報」を目指しましょう。
> - 「業績改善」が管理会計の目的であることを常に強く意識しましょう。
> - 守備範囲がとても広い管理会計では,優先順位をつけて取り組みましょう。

第2節　「実務」としての管理会計

広大な範囲の管理会計に対して実務として取り組むためのコツは，当初の範囲を絞ることにあります。それでは，どこから取り組むべきなのでしょうか。筆者の長年の実務経験から，その答えは，予算管理だといえます。

1　実務の管理会計は3段階ある

図表1-8は，多くの会社で一般的に取り組まれている管理会計の内容をまとめたものです。実行の難易度に応じて3段階に分けることができます。下から「通常の年間サイクル」，「ニーズに合わせた数字面の支援」，「戦略と一体化した業績管理」の順に，難易度が上がっていきます。

まず，「通常の年間サイクル」というのは，年度予算の作成，月次決算とそ

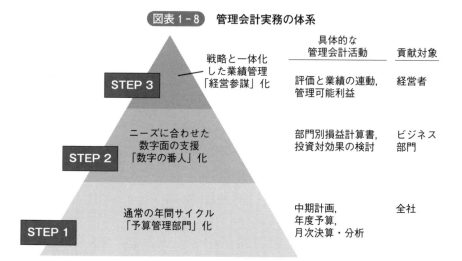

図表1-8　管理会計実務の体系

の分析を指します。これらは，おそらくみなさんの会社でもすでに実施していることと思います。特に予算は，毎年同じ時期に全社を挙げて取り組むことも多いのではないでしょうか。管理会計部門は，これらの年間サイクルを実行することで，いわゆる「予算管理部門」として機能している段階といえます。

次に，「ニーズに合わせた数字面の支援」というのは，部門別損益計算書の作成や，回収期間や正味現在価値を利用した投資対効果の検討を含みます。これらは売上獲得を担う営業部門や，多額の費用を使う物流部門やマーケティング部門などを対象に作成されることが多いと思います。つまり，これらの業績改善のカギを握る部門に対して集中的に分析を行い，対応すべき方法を検討するのです。このような業務改善のための分析や検討業務が行える管理会計部門は，社内の各部門をサポートできる，いわば「数字の番人」です。

それでは，一番上の「戦略と一体化した業績管理」とは，いったいどのようなものでしょうか。この段階になると，会社全体の経営戦略を遂行する仕組みに，しっかりと管理会計が組み込まれている状態です。例えば，管理会計をもとに計算された業績で，各人や各部門の評価が行われるケースが代表的です。また，部門と部門長の収益性や貢献度が各々計算される管理可能利益という考え方も，これに含まれます。まさに経営戦略を体現した仕組みに管理会計を落とし込むことで，管理会計部門は「経営参謀」化し，経営者に対して大きく貢献することができるのです。

2 管理会計は予算管理から始めよう

このように大きく3つのカテゴリーに分けられる実務としての管理会計において，「予算管理」は実行難易度が比較的低い活動といえます。このことが「管理会計の仕組みは，まずは予算管理から」と考える理由ではありますが，それだけではありません。実際に，多くの会社ですでに実務として定着しているた

め，管理会計を取り巻く環境を見てみると，他の管理会計活動を新たに始める場合と比較して軽いことも1つの理由です。

多くの会社では，管理会計の取り組みに十分なリソースが確保できていないのが実情です。制度会計の余った時間でしか管理会計に取り組むことはできないとか，管理会計には十分な人手が用意されない，といった声も多く聞こえてきます。そこで，**管理会計に取り組むための現実的な方法として，まずは慣れ親しんだ予算管理から始めて，その後本格的な管理会計に展開するとよいでしょう。**

予算管理から取り組むことで，その後の管理会計の展開のインフラづくりも可能になります。例えば，予算の作成を通じて全社とコミュニケーションをとることが可能です。また，予算はすべての事業活動を集約してつくられるため，自社の事業内容はもちろん，どのようなコストがどこでどのくらいの規模で発生しているのかを把握することができます。このように，予算管理実務は，管理会計をさらに展開していくための基礎となる仕組みを構築し，知識を習得する機会として捉えることができるのです。

以上から，すでに管理会計のインフラがしっかり構築されている会社でない場合には，実務としての管理会計は予算管理から始めることを強くおすすめします。

3 年間スケジュールを理解するのが大事

管理会計の中でも，予算管理から始める理由についてお話しました。続いて，この予算管理は，

- どのようなイベントが含まれているのか
- どのようなスケジュールで展開されるのか

を理解しましょう。

(1) 予算管理の主なイベントは3つ

予算管理には，年度予算，四半期予測（会社によっては月次で行うこともある），月次決算分析が主に含まれます。

予算管理には，予算統制という考え方があります。これは，予算を達成するための調整やコミュニケーションを意味します。**図表1-9**のスケジュール表においては，主に四半期予測を通じて達成する内容として捉えています。なぜなら，具体的かつ定期的なスケジュールに落とし込まない限り，多忙な実務の中で管理会計の取り組みは後回しになりがちとなるためです。予算統制の活動は，当然ながら予算を達成するためには必要なので，スケジュールに織り込むことで確実に行えるようにすべきです。実務としての管理会計では，このような仕組みは重要です。

では，どのようなスケジュールで取り組むのでしょうか。図表1-9は，3月決算会社の予算管理のスケジュール例です。他社の予算管理のスケジュールは意外に目にすることがないので，自社と比較して見るのもよいかもしれません。

図表1-9　管理会計の年間スケジュール例

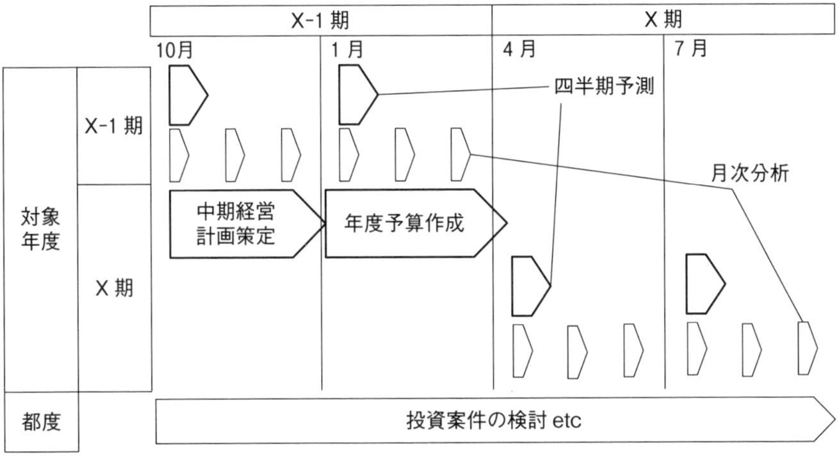

※3月決算会社を想定

翌年度の年度予算は，前年度の第4四半期から作成を開始する会社が多いといえます。これは，中期経営計画を毎年作成する会社（翌年度から3年間または5年間の経営計画を毎年度作成する場合を想定。この方法を「ローリング」と呼びます）の場合には，中期経営計画を第3四半期の間に作成し，これに続いて年度予算を作成するという流れになることが多いからのようです。また，年度予算が完成するのは翌期に入ってからというケースも多くみられます。これは，前年の業績が確定してから最終化するという場合によく起こります。

　次に，予測（まずは年度の着地見込みだと思ってください。詳しくは第5章で説明します）については，上場会社を中心に四半期ごとに作成する会社が多く，より頻度を高くしたい場合には月次で作成する会社もあります。四半期で作成する場合，そのタイミングは四半期決算月の翌月中であることが一般的です。これは，制度会計のスケジュールと連動しているためです。どういうことかというと，上場会社においては業績予想を発表しており，その見直しを四半期決算発表に連動させて実施することが多いためです。また，予測を作成するための情報としても，直前の四半期の確定した業績を踏まえて作成したいという点でも，このタイミングがベストといえます。

　月次分析は，名前のとおり毎月実施します。多くの会社は，決算を月次で行っていると思います。月次決算は法的な義務ではありませんが，多くの取引が日常的に行われる会社では，四半期または年度単位で一気に決算作業を行うのは負担が大きいため，月単位で決算を行うことが一般的な経理の慣習です。この月次決算が締まった後に，当月単月と当月までの累計期間の数値に対して，予算対比や前年対比といった分析を内容として実施することが主流です。タイミングとしては，月次決算が締まった後になるので，決算確定に要する日数によりますが，毎月5日から遅くとも15日くらいまでに行われることが多いようです。詳しくは後の章で説明しますが，これ以上遅いタイミングで実施すると，分析を実施する意味が薄れてしまいます。

(2) スケジュールは先取りして，連動させる

このように，年度での予算作成，四半期（または月次）での予測作成，月次の分析と，1月のように時期によっては3つのイベントを同時にこなさなくてはいけないタイミングも生じてきます。さらに，ここでは触れませんが，これら3つのイベントからなる予算管理以外に，投資案件の検討など一時的な業務が随時入ってくる可能性があります。

これらの前提を踏まえて，実務として管理会計に取り組む場合には，以下の点がポイントになります。

図表1-10　管理会計に取り組む際の実務的ポイント

- あらかじめスケジュールを把握したうえで，先取りして取り組む
- それぞれを連動させる（重複の削除と優先順位付け）
- 空いている時間でやることをあらかじめ決めておく

これらに具体的にどう取り組むのかは，次章以降で詳しく説明します。

● 第2節のまとめ
- まずは，年間の予算管理サイクルから始めましょう。
- 自社の年間スケジュールを理解し，見直しましょう。

第2章

予算のつくり方
＜準備編＞

第1節　予算の位置づけと種類
第2節　予算作成の流れ
第3節　予算作成の準備

第1節　予算の位置づけと種類

1　予算の位置づけを理解しよう

(1) 予算は到達したい目標である

まず，予算の位置づけを理解することは，実務においてもとても重要です。予算という言葉の使い方が会社によって，または人によって異なっていることも多いのが現状です。

ここではまず，わかりやすさを優先して，予算を「1年かけて到達したい目標，ゴール」とイメージすることにしましょう。「目標」ですので，いったん定めたら簡単には変えないのが原則です。多くの会社では，予算を取締役会の決議が必要な事項としていることからも，その原則が正しいことがわかります。したがって，期初に定めた予算は年度を通じて変えないという運用を基本とするのがおすすめです。

図表 2-1　予算のイメージ

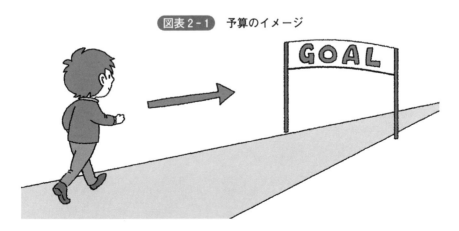

特に上場会社においては，業績予想という形でいったん外部に提示すると，変更するとしても市場の反応は気になります。したがって，あまり頻繁に変えることは現実的ではないといえます。社内に目を向けた場合にも，予算をコロコロ変えると，社内のみなさんはどれが最新の予算なのかわからなくなってしまいがちです。そうなると，どのレベルを目指したらよいのかが不明となり，予算が目標として機能しないという事態が起こります。

もちろん，会社の置かれている環境に大きな変化があった場合には，予算を変えざるを得ません。例えば，災害が起きたり，会社の方向性が変わったりという場合には，もとの予算を目標とすることはむしろ無意味になってしまいます。このような場合には，なるべく早く新たな予算をつくって，それを新しい目標とする必要があります。そのうえで，社内のみなさんに対し新たな予算について，変更点やその背景などを含めて伝える必要があります。

(2) 予算は2つの要件をバランスよく達成すべき

次に，予算というのはどのような要件を満たすべきなのでしょうか。

まず，達成を目指すわけですから，**どう頑張っても到達できないものを予算とすることはいけません。**昨今，某大手企業の「チャレンジ」と呼ばれた予算が報道等でも話題になりましたが，あまりにも高すぎる予算は粉飾のリスクが発生してしまう可能性もあります。とはいえ，その逆方向で，簡単に達成できる予算というのも，目標として目指す以上，意味がなくなってしまいます。

ということは，予算には，
- 達成にはある程度の頑張りが必要だが，
- 現実的に到達可能

図表2-2　予算の2つの要件

という2つの要件をバランスよく満たすように作成する必要があるのです。

なお、目標設定の要件として、SMART（Specific：具体的に、Measurable：測定可能な、Achievable：達成可能な、Related：経営目標に関連した、Time-bound：時間制約がある、の略）が挙げられますが、これらの要件も参考になるでしょう。

2 予算には社内用予算と社外用予算の2種類がある

(1) 社外向け予算と社内向け予算

① 要件に対応した予算

では、このような2つの要件を、どうしたらバランスよく満たせるのでしょうか。

実務においては、それぞれの目標に対応するよう、2種類の異なる予算を作成するという方法が一般的にとられています。

図表2-3　予算の種類

種類	共有先	位置づけ	達成難易度
社外用	投資家（業績予想），経営者	約束，必達	中
社内用	社内各部門，経営者	努力目標	高

1つ目の「社外用予算」とは、達成が現実的と考えられるやや低い水準の予算であり、社外に向けて発信されます。上場会社では業績予想が開示されますが、これが代表的な例ですね。意味合いとしては、これぐらいの売上や利益を目指して今期は全社一丸頑張りますという、約束または必達目標ともいえます。つまり、達成しなくてはならないものであり、その分、達成の難易度は低く設定されているのです。

2つ目の「社内用予算」とは、本気で頑張らなくては達成ができないかもしれないと思わせるような、やや高い水準の予算です。これは社内の各部門ある

いは社内全員に共有されます。この予算の意味合いは，「少し大変かもしれないけれど，みんなでこの目標を目指すんだ！」という努力目標に近いイメージです。

つまり，1つ目の「社外用予算」は

- 現実的に到達可能

という要件を，そして2つ目の「社内用予算」は，

- 達成にはある程度頑張りが必要

という要件をそれぞれ分担しているのです。

② 2つつくることの効用

このような2種類の予算を用意するのは複雑でわかりづらいし，準備の手数もかかって実務的には大変です。それでもわざわざ2種類準備するのは，上記の2つの狙いを両方達成するためということに加えて，達成の確実さを増すための理由が隠されています。それは，「人の性(さが)」です。

もしあなたが，現実的に達成できそうな予算を目標として与えられた場合，必要以上に頑張りますか？ 場合によっては油断してしまい，気がついたら，楽勝で達成できると思っていた予算すら達成できないということもあるかもしれません。

そう，人間は，できると思うと油断したり手を抜いてしまう可能性があるのです。もちろん，中には自分に厳しく堅実に頑張る人もいますが，性格の異なる多くの人が集まって成り立っているのが会社です。そのため，人間は油断したり怠けたりするものであるという「性悪説」に立って予算を作成することが一般的です。具体的には，油断せずに頑張ってもらうために，社内には高めの予算を提示するという方法がとられています。

このような2段階方式をとることのもう1つのメリットは，社外用予算と社内用予算の間に余裕（バッファー）があるので，万が一，社内用予算は達成できなかった場合でも，社外用予算はなんとか達成できたというようなケースが考えられることです。つまり，社内用予算のおかげで社外との約束が守られる

可能性が高くなるのです。

なお，予算に対して「堅い」「柔らかい」という表現がしばしば使われます。「堅い」というのは達成が可能そうなことを，「柔らかい」というのは達成がやや難しいまたは現段階ではわからないという状態を指します。したがって，社外用予算と社内用予算の関係でいえば，「堅い」社外用予算に対して，「柔らかい」社内用予算と表現することができます。

2種類の予算を作成することの効果や必要性は以上のとおりですが，そうはいっても2種類つくることはやはり大変ですし，運用に困難が生じがちなことも事実です。そこで，実務において，2種類の予算をスムーズに作成するコツをご紹介します。

(2) コツの1：限られた項目だけをわかりやすく変化させる

① 2～3項目だけ変える

2種類の予算を作成するといっても，すべての項目（すべての勘定科目と考えてもらうとわかりやすいですね）について中身を変えてしまうと，その違いがすぐにはわからなくなってしまいます。そこで，例えば売上高と人件費といった限られた項目（勘定科目）だけ数字を変えることをおすすめします。

図表2-4　社内用予算と社外用予算の例

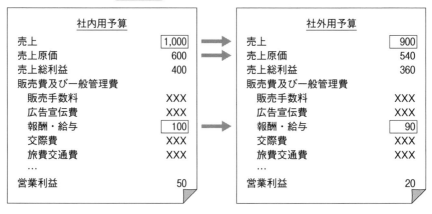

変える項目の数はできれば2〜3項目にとどめておくといいと思います。2〜3項目であれば，何が違うのか，わたしたち予算管理担当者がすぐに思い出して答えることができます。変える項目数が増えたり，違いが複雑になると，「予算の相違点一覧」などの文書をつくって整理することもできますが，その程度の複雑さになると，予算の話になるたびに，「社外用予算と社内用予算って何が違うんだっけ？」という質問が経営者や各部内のトップから出るかもしれません。

2〜3項目では少ないと思うかもしれませんが，**差をつける項目は限定する**ことを強くおすすめします。

② 項目の選択と予算間の差

その項目の選び方としては，

- **自社にとって変動の可能性が大きく，**
- **それが業績に与える影響度が高い**

という2点を満たすものを選ぶといいと思います。

この基準に照らすと，多くの会社で，まずは売上が挙げられます。他の項目は業種によって違いはありますが，例えば，製造業であれば製品原価または製品原価率が代表的でしょうし，労働集約的な側面が強いサービス業であれば人件費が該当することが多いと思います。

このように選んだ項目に対して，差はどのようにつけたらいいでしょうか。こちらもできる限りシンプルに考える必要があります。例えば，社内用予算の売上額に対して社外用予算の売上額は0.9を掛けたもの，などもわかりやすく

図表2-5 社内用予算と社外用予算の関係例

てかつ覚えやすくていいと思います。

　もしくは、予算の前提となっているKPIや数値（このあたりは後ろの章で詳しく説明します）まで落とし込んで相違とするのは、社内各部門にとってはよりわかりやすいかもしれません。例えば、売上の前提としている受注件数を、社外用予算では2,000件に対して、社内用予算は2,500件と設定するイメージです。製造原価でいえば、社内用予算では製造原価率30％のところ、社外用予算では1ポイント余裕を持たせた31％というイメージです。

(3) コツの2：2種類両方をすべての人に公開しない

　運用の仕方として、2種類両方を多くの人に共有すると、その位置づけや内容の違いがよく理解できず混乱することがよくあります。

　さらに、もっと重大な問題は、そもそも2種類の予算をわざわざ作成する効果が見込めなくなってしまうことです。前述のとおり、目の前に与えられた予算の達成を目指すという「人の性」をうまく活用することで確実な達成を目指すのが、2種類の予算を設定する目的でした。もし、実は予算には2種類あって「あなたが与えられているのは、できたら達成してほしいという位置づけの予算です」ということがわかったら、頑張ってもらえるでしょうか。答えは明白で、「社外用予算を達成すればいいんでしょ」と思われてしまい、社内用予算の達成に向けて頑張ってもらうことは絶望的になります。このように、2種類の予算の存在を積極的に提示してしまうのは、「百害あって一利なし」といえます。

　では、どうすべきかといえば、経営者と管理会計担当者など限られた人員にだけ、2種類両方を共有するとよいでしょう。経営者は予算達成の責任を最終的に負うわけですから、両方の予算を把握しておく必要があります。また、管理会計担当者もこれに近い立場にあること、そしてこの2種類を十二分に理解したうえで経営者をサポートするためにも、当然両方を経営者よりも深く知っておく必要があります。

図表2-6　予算の属性別の取扱い

属　　性	社内用予算	社外用予算
管理会計担当者	公開する	公開する
経営者	公開する	公開する
社内の他部門	公開しない	公開する

　具体的に把握しておくべき内容は，相違がある項目，その前提，その金額などです。

(4)　コツの3：報告時にはどちらの予算なのかを必ず明示する

　予算に対する月次の実績結果報告など，経営者に対して予算の数字を含む報告を行う機会はそれなりにあると思います。このとき，資料でどちらの予算と比較しているのかが明らかになるよう，「社外用予算」または「社内用予算」のいずれなのかを明示することが必要です。

　筆者の経験では，この記載がないと，経営者はどちらの予算なのか100％質問します。忙しい経営者の時間を効率的に使ってもらうためにも，このような配慮は必須です。

(5)　コツの4：2つの予算はつくりやすいほうからつくる

　社内用予算と社外用予算，どちらから先につくるのか？　という質問を考えます。結論としては，どちらから作成したとしても，作成効率に大きな差はないと思います。そもそも，それほど差をつけないことをおすすめしているためです。

　しいていうなら，**社外から目標数値達成のプレッシャーが強い場合には社外用予算から，そうでなければ社内用予算から作成する**ことを1つの目安とするのもいいかもしれません。上場会社や，銀行から多額の融資を受けている会社では，社外から期待される水準の業績を達成することが重要になります。そうであれば，それを前提とした社外用予算を作成し，その後にいくつかの項目

を調整した社内用予算を作成するという手順が好ましいといえます。

また，社外からの業績への期待がそれほど大きくない会社では，社内に目を向けて，社内で達成したいと思う社内用予算を作成し，参考として社外用予算を作成するのがいいかもしれません。しかしながら，このような場合には，社外に対して予算を提示する機会が少ないかもしれませんので，ひょっとすると，社外用予算を作成することが必要かどうかも一考の余地があると考えられます。

3 予算の成果物は損益計算書と前提資料

それでは，何をつくったら予算をつくることになるのでしょうか。会社によって相違はあるものの，ほとんどの会社が作成しているのは，まずは

(a) **予算損益計算書**

です。予算は目標だという話はすでに述べましたが，目標とする業績は売上と利益を指すことが大半です。そのため，利益を計算するためにその内訳を具体的に定めた資料として，損益計算書が作成されるケースはとても多いのです。

それ以外に作成が考えられるものとしては，

(b) **予算貸借対照表**

(c) **予算キャッシュ・フロー計算書（または資金繰り表）**

が代表的です。この2つはすべての会社に常に必要というわけではありませんし，実際に作成している会社は多くありません。資金繰りに少し不安がある場合など，これらを事前に確認しておきたい場合にのみ作成することで十分だと思います。

というのも，(b)と(c)は予算損益計算書をもとに作成することになりますが，実は(b)と(c)の予算を高い精度で作成するのはかなり難しく，手数を要するためです。なぜなら，勘定科目ごとに損益計算書とこれらの貸借対照表やキャッシュ・フロー計算書（資金繰り表）がどのように関係しているのかを完全に理解しない限り，正確なものは作成できないからです。完全に理解するためには，これらの実績資料を読み解く必要がありますが，経理実務担当者でも難易度が

高い作業ですので，経理の知識が不十分なことも多い管理会計担当者にとってはかなり骨が折れることが明らかです。したがって，よほどの必要性がない限り，まずは，財務3表のうちカナメの予算損益計算書の作成に集中するとよいでしょう。

また，損益計算書の添付資料のような位置づけとして，予算作成の前提を整理した資料を別途用意するのが一般的です。具体的にどのような項目を予算の前提とするべきなのかは，あとで説明します。

図表2-7　予算の成果物

種　類	必　要　度
予算損益計算書	高 （必須）
予算貸借対照表	中 （必要に応じて）
予算キャッシュ・フロー計算書 （または資金繰り表）	中 （必要に応じて）
予算の前提資料	高 （必須）

まとめると，予算の成果物として必ず作成し保存したいのは，
- 予算損益計算書
- 予算の前提資料

の2つだと理解してください。

●第1節のまとめ
- 自社での予算の位置づけを文書にまとめて共有しましょう。
- 社内用予算と社外用予算の差はシンプルに，かつ限定しましょう。
- 予算の成果物として予算損益計算書と前提資料の2つを作成しましょう。

第2節　予算作成の流れ

1　予算作成は準備編と本番編の2ステップ

　それでは，どのような流れで予算を作成したらいいのか，ここでは具体的なフォーマットも紹介しながら，1つひとつ追っていきたいと思います。

　スケジュールの紹介で述べたとおり，予算の作成は3か月程度かけることが多い長丁場のイベントです。そこで，まず大きな流れを理解しましょう。

　図表2-8のように，大きく2つのパートに分けることができます。事前におおよそのアタリを付けるための準備編と，実際に集計していく本番編です。なお，★印は特に実務上重要な作業を指しています。なぜ重要なのかは後ほど説明しますので，まずは2つのパートを含めた全体像を理解することから始めましょう。

図表2-8　予算作成の流れ

```
＜準備編＞
　①　発射台をつくる
　②　概略損益計算書をつくる
　③　経営者と共有する★
＜本番編＞
　④　情報を集める★
　⑤　集計する
　⑥　数字を確認する★
　⑦　経営者の承認をもらう
```

2　2つのアプローチを併用しよう

(1)　トップダウンとボトムアップ

みなさんの中には，予算作成のアプローチには，「トップダウン」と「ボトムアップ」の2つがあるという話を聞いたことがある方もいるかもしれません。

トップダウン・アプローチというのは，経営者が「来年の利益はXX円を目指す」などと発表したことをもとに，それを達成するための内訳として予算を作成する流れをいいます。つまり，上の意向が下に降りる方向（トップからダウンする）であり，大きなものを細かくして小さなものをつくるイメージですね。

一方，ボトムアップ・アプローチというのは，各部門から集めた情報を集約する形で予算を作成する流れをいいます。こちらは，下から上がる方向（ボトムからアップする）であり，小さなものを積み上げて大きなものをつくるイメージです。

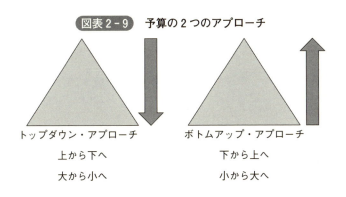

図表2-9　予算の2つのアプローチ

トップダウン・アプローチ　　　ボトムアップ・アプローチ
上から下へ　　　　　　　　　　下から上へ
大から小へ　　　　　　　　　　小から大へ

(2)　それぞれのメリットとデメリット

では，予算は，トップダウン，ボトムアップのどちらでつくるべきでしょうか。筆者の答えは，**両方のアプローチを合わせた折衷案が望ましい**と考えてい

ます。理由は，両方の「いいとこ取り」ができるからです。どういうことなのか，考えてみましょう。

まず，トップダウン・アプローチで予算をつくるメリットとして，
- 経営者が目指したい業績を予算にすることができる
- 経営陣の期待を反映した内容なので，管理職層を中心に達成に向けてモチベーションが高まる

が挙げられます。

その一方で，デメリットは，
- 各部門が把握している実態が十分には反映されないため，予算の達成が難しい場合がある
- 各部門が関わって作成したものではないため，現場層の達成へのモチベーションが低い

があります。

また，ボトムアップ・アプローチで予算をつくることのメリットは，
- 各部門が把握している実態が反映されやすいので，実現可能性が高い
- 各部門が関わって作成したため，現場層の達成へのモチベーションが高い

といえます。

その一方で，デメリットは，
- 経営者が目指したい業績を予算にすることができない可能性が高い
- 管理職層を中心に達成に向けてモチベーションが低い場合がある

があります。

図表2-10　予算アプローチのメリット・デメリット比較

	メリット	デメリット
トップダウン・アプローチ	●経営者が目指したい予算になる ●管理職層のモチベーションが高い	●予算の達成難易度が高い ●現場層の達成へのモチベーションが低い
ボトムアップ・アプローチ	●実現可能性が高い ●現場層の達成へのモチベーションが高い	●経営者が目指したい業績を予算にすることができないことも ●管理職層のモチベーションが低い場合がある

3 準備編はトップダウンで

① 作業ボリュームは大きくない

お気づきのとおり，トップダウンとボトムアップの2つのアプローチのメリットとデメリットは，ちょうど裏返しの関係にあります。トップダウンとボトムアップのどちらを選んだ場合も，デメリットとして挙げられていることは見過ごすことができないような重要な観点です。

そこで，デメリットが大きくならないように，両方の方法を折衷する形で進めることがベストと考えています。

予算作成の流れとの対応関係でいえば，トップダウン・アプローチに該当するのが準備編であり，ボトムアップ・アプローチに該当するのが本番編です。はじめに，損益計算書の概略版を作成して経営者の意向を確認するというトップダウン・アプローチをとります。その後，各部門から情報を集めて集計して損益計算書の詳細版を作成するというボトムアップ・アプローチをとります。

筆者の経験からすると，**作業ボリュームは，準備編を1〜2とすると本番編は4〜5といったところ**でしょうか。

② 経営者の意向をつかむ

たとえ追加の手数になったとしても，準備編に取り組むのには理由があります。実は，準備編を通して達成できるトップダウン・アプローチのメリット以外の目的もあります。それは，予算作成が難しい理由の1つである経営者への説明を，できる限りスムーズに進めるためです。

予算作成が難しい主な理由として，
- 経営者の理解が得られず，説明に時間がかかる
- 各部門の理解が得られず，説得に時間がかかる

の2つが挙げられます。筆者の経験でも，特に経営者の理解を得るのは本当に骨が折れるものです。

そこで，事前に，経営者が予算の中でどこにこだわるのかを把握しておくことで，承認をスムーズに得ることができます。つまり，本番編で苦労しないために，準備編であえて取り組むのです。"急がば回れ"ということですね。

> ●第2節のまとめ
> ●「本番編」がスムーズにいくよう，「準備編」を丁寧にやりましょう。

第2章 予算のつくり方＜準備編＞ 33

第3節 予算作成の準備

それでは，ここからは準備編の各ステップをどのように進めたらいいのか，個別にみていきましょう。

1 まず「発射台」をつくる

本書でいう「発射台」とは，翌期の予算の基礎となる当期の年度の着地見込みをいいます。スケジュールのところで説明したとおり，翌期の予算の作成を開始する段階では，当期の年度実績はまだ確定していません。予算においては，売上や利益といった業績の数値がいくらになるのかも重要ですが，同時に，前年からどのくらい伸びたのかという変化分も重視されます。なぜなら，「増収

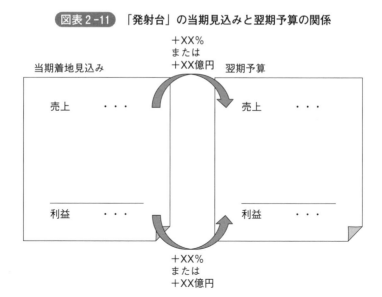

図表2-11 「発射台」の当期見込みと翌期予算の関係

増益」という言葉が新聞の決算発表欄を賑わすことからもわかるように，一般的に会社は継続した成長を期待されているためです。

そこで，**前年からの変化分という捉え方をするためには，現在進行中の当期の着地見込みをつくることが必要です。**

着地見込みとは，現時点での情報をもとにした当期の年間損益計算書の予測のことをいいます。特に重要なのは，売上と利益です。詳しい作成方法は，四半期予測の章で説明しますが，つくり方の概要は次のとおりです。

① 損益計算書の中で重要な勘定科目に関する情報を収集する
② 集めた情報をもとに金額を決めて，損益計算書を作成する
③ 全体として違和感がないか確認する

重要な勘定科目とは，自社にとって金額が大きい勘定科目のことを主に想定しています。例えば，売上はすべての会社においてこれに当てはまるでしょう。逆に，金額が大きくない勘定科目は，当期のすでに経過した期間の実績の金額をもとに引き延ばすのもよいでしょう。例えば，3月決算の会社で，12月に着地見込みを作成する場合には，11月までは月次の数字が確定しています。そこで，毎月の増減が大きくない勘定科目であれば，4月から11月までの8か月分の数字の平均を計算し，それを12月から3月の予測とすればいいでしょう。また，季節変動の影響を受ける場合には，前期の金額をもとにすれば，季節変動を反映できます。

2 概略版損益計算書をつくる

発射台ができたら，続いて翌期の予算の概略版損益計算書を作成します。イメージとしては，いわゆる「叩き台」の予算だと思ってください。

後ほど詳しく説明する詳細版損益計算書の予算は，基本的に勘定科目ごとに作成しますが，この概略版損益計算書は，複数の勘定科目をグルーピングした大きな単位で作成するか，自社にとって重要な勘定科目を重点的に検討するという形で十分です。

自社にとって重要な勘定科目というのは，金額的に大きい科目や，変動しやすい科目をいいます。例えば，売上は金額的に大きく，すべての勘定科目のもととなるので，必ず対象にします。また，それ以外にも，例えば製造業であれば製造原価率，サービス業であれば人件費などを対象にするとよいと思います。

これらの勘定科目グループまたは勘定科目について，すでにわかっている情報を取り込んで数字を作成します。例えば，小売業において消費税増税により需要の一時的減少が見込まれる場合には，増税後の期間の売上を減らす必要があります。また，アルバイトをたくさん雇用するサービス業において最低賃金の上昇が予想される場合には，人件費上昇を織り込むといった対応をとります。

3 経営者と共有する

(1) 経営者向けのフォーマットを用意する

では，どのようなフォーマットで概略版損益計算書を経営者と共有するのがいいのでしょう。図表2-12，図表2-13のような概略版損益計算書とその前提資料の2種類を作成し，共有するとよいでしょう。

予算の成果物として，
- 予算損益計算書
- 予算の前提資料

の2つを作成すべきと前述しましたが，それと対応しています。

まず，概略版損益計算書は，図が示しているように最低限の勘定科目グループを表示すれば十分です。あくまでもこの段階では，**経営者に数字の概要を把握してもらい，数字に関する経営者の意向の感触を得ることを重視している**ため，売上および利益，その他主要項目の数字が把握できれば問題はありません。

計算された数字についてはこの程度の大まかなものでいいのですが，その前提となっている項目についてはやや細かい情報を提示することが望まれます。例えば，人件費に社員分とアルバイト分が含まれている場合に，社員とアルバ

図表 2-12 経営者向け予算（概略版損益計算書）

- 来期の予算は，売上20％増の120億円，利益維持の5億円を目指す。
- 既存店＋5％，新店10店が売上増＋20％に大きく貢献。
- しかしながら，コスト側は，外部要因による材料費の高騰（＋5％，影響額5億円）と本社移転による本社費の増加が大きく響く予定。店舗労務費の改善（店舗の働き方改革）でカバーする方向。

単位：百万円

	当期着地見込（発射台)		翌期予算案		vs 当期＋／（－）		成長率
売上	10,000	100%	12,000	100%	2,000	—	20%
変動費							
材料費	3,500	35%	4,800	40%	(1,300)	(5%)	
労務費	2,000	20%	1,800	15%	200	5%	
計	5,500	55%	6,600	55%	(1,100)	—	
限界利益	4,500	45%	5,400	45%	900	—	
店舗固定費							
労務費	1,000	10%	1,500	13%	(500)	(3%)	
その他	2,000	20%	2,000	17%	—	3%	
計	3,000	30%	3,500	29%	(500)	1%	
貢献利益	1,500	15%	1,900	16%	400	1%	
本社固定費	1,000	10%	1,400	12%	(400)	(2%)	
営業利益	500	5%	500	4%	—	(1%)	—

図表 2-13 経営者向け予算の前提資料例

項目	数字	水準	補足
売上	既存店売上高＋5％ 新店10店（1店舗当たり3.6億円） 閉店なし	現在の消費トレンド影響＋2％ キャンペーン＋3％（当期はなし）	GDP 年率2％成長予定
材料費	原価率　＋5％の40％へ	原料価格の世界的高騰	
労務費	アルバイト　売上高構成比15％へ 社員　15億円へ当期比1.5倍	当期売上高構成比20％ 当期10億円	店舗働き方改革 （社員数の増加と生産性の向上，アルバイト削減）
本社固定費	4億円増の14億円 うち3億円は本社移転費用		
その他	変動費は売上高構成比同水準，固定費は金額同水準		

イトそれぞれについて単価や人員数などの前提を書くことが望まれます。これにより，**予算の数字が堅めなのか柔らかめなのかを経営者が感覚として理解できる**のです。

このような資料を用意して，経営者の意向を確認しつつ，事前の注意情報を管理会計担当者から共有することができたら，ようやく予算作成の下準備が整ったことになります。繰り返しになりますが，手間暇かけてトップダウン・アプローチによる準備をすることは，ボトムアップ・アプローチによる予算作成の本番をスムーズに進めるためなのです。

(2) 経営者と双方向でコミュニケーションする

概略版損益計算書を作成し，経営者と共有することで，勘定科目グループや勘定科目について具体的に計算したものをもとに，今年の予算の数字を議論することが可能になります。

経営者と概略版損益計算書を共有する場面では，留意すべきポイントがいくつかあります。まず，**最終的に重要な売上や利益について経営者がどのような意向を持っているのか，注意深く把握しましょう。**特に，経営者が交替した直後の場合には，売上と利益のどちらにこだわるのか，それらの成長率と実額のどちらにこだわるのかなど，詳細版予算を作成した後のチェックポイントにもなる要件が明らかになります。加えて，主要な項目についても仮の数字をもとに確認できるので，経営者が考える方向性と概略版予算の間に相違がないか，感触をつかめます。これらは，経営者から管理会計担当者へのメッセージの伝達といえます。

また，逆方向のコミュニケーションをとって，管理会計担当者から経営者へのメッセージの伝達を行うことがとても重要です。具体的には，先ほど述べた売上の減少や人件費の高騰など，**翌期の予算を考えるうえで考慮すべき外部要因とその影響について，事前に注意喚起を行います。**これらの情報は予算作成の早い段階で共有することが重要です。なぜなら，これらの共有が遅れると，経営者の頭の中では理想ベースの予算の数字が計算されてしまい，後からこれ

らの話をしても「時すでに遅し」で，達成が難しい予算を作成せざるを得なくなってしまうおそれがあるからです。このように，**情報を適切なタイミングで共有することで，経営者の期待値を調整することも管理会計部門の重要な役割である**と同時に，予算作成をスムーズにするコツであるともいえます。

> ●第3節のまとめ
> - 経営者とのコミュニケーションを通じて，経営者の意向の把握と事前の注意喚起を行いましょう。

第3章

予算のつくり方
＜本番編＞

....

第1節　情報を集める
第2節　集計する
第3節　数字を確認する
第4節　経営者の承認をもらう

第1節　情報を集める

1　各部からの情報収集用のフォーマットを工夫する

(1)　金額欄が空欄の損益計算書は NG

まずは，最も現場を理解し情報を持っている各部門から情報を集めます。このとき，どのようなフォーマットを使うのがいいのでしょうか。

多くの会社で一般的に採用されている方法としては，金額欄が空欄になった損益計算書を各部に配布して記入してもらい，回収するというやり方があります。このやり方なら，各部門から集まった損益計算書を集計することで会社全体の損益計算書を作成することができるので，管理会計部門としてはとても効率的な方法です。

その一方で，実はこのやり方には多くの本質的な問題が潜んでいます。

まず，**各部門のみなさんにとっては損益計算書というフォーマットに馴染みがないため，正確な記入が難しい**点が挙げられます。例えば，経理の知識を持ち合わせていないため，勘定科目名の意味がわからないという方もいます。また，請求書の経理処理をするのは派遣社員なのに，予算を作成するのはマネージャーというケースでは，マネージャーは費用処理している勘定科目の知識がないため，正しい勘定科目に数字を記入することができません。さらに，各部門にとっては慣れないフォーマットを使って一から作成を依頼されることになるため，期限内に提出することが難しいという声も多く寄せられたりします。

管理会計部門にとっては，勘定科目単位で集計された形での提出になるため，その内訳がわからないという点も大きな問題です。例えば，広告部門は多額の広告宣伝費を使いますが，合計の金額が損益計算書に記載されていても，内訳

図表3-1 予算提出フォーマット（空欄損益計算書型）

予算提出用XX部門PLフォーマット			
	4月	・・・・・・	3月
売上			
人件費			
賃借料			
⋮			
利益			

が知りたいと考えるのは当然だと思います。

このように多くの本質的な問題点があると，適切な予算の編成は難しいといえます。たとえ集計の負担が少ないことを考えても，予算管理の観点からは許容できないレベルだと思います。

(2) 項目ごとのフォーマットを使おう

それでは，代わりにどのようなフォーマットならよいのでしょうか。例えば，**図表3-2**のような内訳がわかるフォーマットで予算の情報をもらえばよいでしょう。この形式であれば，前述の広告宣伝費の例の場合に，勘定科目を構成する内訳の情報を追加でもらうという二度手間を防ぐことができます。また，各部門にとっては，自分たちにとってわかりやすい項目別で記入することができるので，難しい勘定科目から解放されます。その結果，この形式は負担感が少ないため，提出期限が守られる傾向にあります。

なお，勘定科目については，わからなければ空欄での提出を認めることで，特に期限内に提出される可能性が高まります。この場合には，手間はかかりますが，管理会計部門側で勘定科目を調べるか，経理部門または各部門の経理処理担当者に確認すれば記入することができます。各部門の予算管理担当者の記入項目を少なくわかりやすいものに限定することで，いつまで待っても各部から情報が出てこずに，予算作成全体のスケジュールが遅れるという致命的な事

態を避けることができるのです。

図表3-2 予算提出

1．各部提出予算内訳

翌期予算	広告部門

金額　単位：千円

項目	4月	5月	6月	7月	8月	9月	10月	11月
新店チラシ							100	
既存店チラシ	75	128	75	128	128	200	430	368
看板	1,000	1,000	1,000	1,000	1,000	1,000	1,000	1,000
新店キャンペーン							200	
既存店キャンペーン	500	500	500	500	500	500	500	500
合計	1,575	1,628	1,575	1,628	1,628	1,700	2,230	1,868

75	128	75	128	128	200	530	368
1,000	1,000	1,000	1,000	1,000	1,000	1,000	1,000
500	500	500	500	500	500	700	500
1,575	1,628	1,575	1,628	1,628	1,700	2,230	1,868

2　各部門独自のフォーマットを転用する

(1) 活動実態に合った予算を作成できる

図表3-2に示したような勘定科目の内訳明細をさらに発展させた形として，

フォーマット（勘定科目明細型）

					管理会計部門用			
12月	1月	2月	3月	年間計	勘定コード	勘定科目	補助科目コード	補助科目
				100	520000	広告宣伝費	1000	配布物
430	397	214	397	2,970	520000	広告宣伝費	1000	配布物
1,000	1,000	1,000	1,000	12,000	520000	広告宣伝費	2000	看板
				200	520000	広告宣伝費	2000	キャンペーン
500	500	500	500	6,000	520000	広告宣伝費	4000	キャンペーン
1,930	1,897	1,714	1,897	21,270				

管理会計部門用集計								
430	397	214	397	3,070	520000	広告宣伝費	1000	配布物
1,000	1,000	1,000	1,000	12,000	520000	広告宣伝費	2000	看板
500	500	500	500	6,200	520000	広告宣伝費	4000	キャンペーン
1,930	1,897	1,714	1,897	21,270				

　各部門が独自に作成した予算管理用の帳票を利用して予算を作成するという方法があります。
　実は，**多くの部門では，自分たちにわかりやすい形の独自の予算管理の資料を持っていることが多々あります**。これは，裏を返すと，金額欄が空欄の損益計算書のように管理会計部門から提供される形式では，使い勝手が悪いことを意味しています。そのため，自分たちで試行錯誤して自分たちに合った資料を

別途作成するのです。そうであれば，むしろこの資料を管理会計部門も活用してしまえばいいのではないか，というのがさらに踏み込んだアイデアです。

　この方法のメリットはたくさんあります。まず，各部のみなさんにとってわかりやすい形式ゆえに作成のハードルが低く，予算作成の依頼期限までに提出される可能性が高まります。同時に，管理会計部門側でフォーマットを用意する手間が省けます。

　そして，これが最も重要なのですが，各部の活動の実態に合った内容の予算を作成することができるようになります。予算作成に通常使われる勘定科目の単位というのは，各部の活動を理解するには最適でないケースが大半です。例えば，広告部門の予算をもらう場合に，広告宣伝費の内訳こそが知りたいはずですが，これを明らかにできる最良のフォーマットは，通常の金額欄が空欄の損益計算書ではありません。広告部門ではテレビ，インターネットなど広告の媒体ごとに管理しているとしたら，その区分で構成された各部門独自のフォーマットが最良といえます。**部門ごとに活動内容は異なり，予算は活動内容を反映して作成されるべきですから，予算のフォーマットが各部門で異なるのも自然なことといえます。**

(2)　一方，事業に対する理解が大幅に必要になる

　一方で，各部門独自のフォーマットを採用することにはデメリットもあります。管理会計部門では，部門ごとに大きく異なるフォーマットを集計する作業が必要ですから，その手間が余分にかかるようになります。さらに，通常は各部門が作成したフォーマットには，勘定科目が書かれていないまたは書かれていても間違っていることが多いでしょう。そのため，予算を損益計算書の形にするには，勘定科目を記入したり確認のうえ修正したりという手間が管理会計部門側に発生します。このように形式面の手数が他のフォーマットを使用する場合より増えます。

　とはいえ，**各部門の独自のフォーマットは毎年継続して利用されることが大**

図表3-3 予算提出フォーマットの比較

形式	空欄損益計算書	勘定科目明細	各部独自形式
作成者	管理会計部門	管理会計部門	各部門
メリット	管理会計部門の集計手数が少ない	各部門がわかりやすい	各部門がとてもわかりやすい
デメリット	各部門がわかりにくい。提出が遅れがち	管理会計部門の手数が大きい	管理会計部門に各部門に関する知識が必要
管理会計部門の負担	軽	中	重
各部門の負担	重	中	軽

半なので，いったん集計の方法を確認し，勘定科目を記入してしまえば，その翌年は同じように運用すればよいので，かなり手数が省略できます。したがって，運用を始めた初年度の負担をどのようにして乗り越えるかという視点で対応策を考えることが重要です。

　また，これはデメリットというよりも理解しておくべき留意点なのですが，管理会計部門の事業に対する理解が大幅に必要になります。筆者の経験から率直に申し上げると，管理会計部門は「集計屋」として予算作成を行っているのが現状です。つまり，フォーマットを各部に配って回収，集計して，それを経営者に渡す，そして何かいわれたらその内容を各部門に伝えるという，いわば事務的機能を中心に担ってきた感は否めません。

　しかしながら，各部門独自のフォーマットを採用すると，予算作成が各部門の用語と考え方をベースに行われることになります。その結果，管理会計部門が各部門に歩み寄り，各部門の事業や業務に関して勉強しなくてはなりません。この点で，管理会計部門における質的な負担が重くなることになります。しかしながら，裏を返せば，**本来予算管理部門に求められる質的役割が発揮できる機会と前向きに捉えることもできるのではないでしょうか。**

3 スケジュールを共有しよう

　各部門を上手に巻き込むためには，各部門にとってできるだけ記入しやすいフォーマットで運用することに加えて，スケジュールの共有も重要です。
　例えば，**図表3-4**のような全体のスケジュールを作成して，各部門にもポイントだけ説明することも効果があります。
　各部門に伝えておくべきなのは，いつフォーマットが配られるのか（管理会計部門から配布する場合），いつまでにフォーマットを回収したいのかは必須です。さらに，なぜそのスケジュールなのか，例えば「×月×日に経営者に集計したものを見せなくてはいけない」ということも合わせて伝えることで，遅れてはまずいという注意喚起をすることも可能になります。

　スケジュールの効果はほかにもあります。例えば，経営者の立場からは，いつどのような情報が出てくるのかが事前に把握でき，安心できます。また，わ

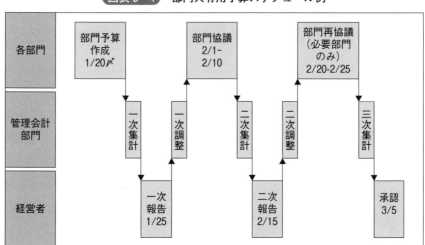

図表3-4　部門共有用予算スケジュール例

たしたち管理会計部門の実務担当者の立場からすると，今やっている作業が次の工程とどう関係しているのかが明確になります。これにより，何らかの事情で今取り掛かっている工程が遅れた場合に，どのような影響が出るのか，そしてどのように対処すればいいのかを考えるヒントになります。管理会計部門の上長の立場では，経営者に予算資料の前倒し提出を求められた場合に（**予算の数字がどんなものになりそうか，一刻も早く知りたいという気持ちの経営者にはよくあることです**），いつならどういう資料が出せるのかを，実務担当者に確認することなくおおまかに即座に答えることができます。

このように，**スケジュールは管理会計部門である自分たちの作業をスムーズにするためだけではなく，周囲の協力を得やすくするためのツールとして活用することができます。**

4　予算項目を効果的に分担しよう

(1)　どの部門に数字を出してもらうか

①　すべての項目の数字は必要なし

各部門からフォーマットを使って予算数字を集めるうえで考えていただきたいのは，**すべての予算項目（損益計算書を構成する勘定科目）について各部門から数字を出してもらう必要はない**ということです。このような話をすると，予算管理のベテランほど驚かれるかもしれません。

各部門から数字をもらうのは，より正確な予算を作成するという本来の目的のために行われていることだと思います。各部門に対して，その部門の部門別損益計算書（第6章で後述）の予算を作成してもらうよう依頼することが一般的なようです。部門別損益計算書には，その部門でないと予算とすべき金額がわからない勘定科目もあります。

逆に，人件費のように人員の帰属先だからということで各部門損益計算書に計上されるものの実際には他部門（この例では人事部門が該当します）が主管

している勘定科目や，本社費のように各部門は配賦を受けるだけの勘定科目も存在します。これらの項目は，部門別損益計算書に含まれているからといって，各部門に予算の作成を依頼することが適切ではありません。

各部門がすべての項目の予算を作成するというイメージが強いのは，先ほどお話した空欄損益計算書を各部門に配るという形式をとる会社が多いことと関連しているのではないかと思われます。

② 勘定科目の性質に応じて担当部門を割り当てる

それではまず，どの項目を誰がつくるのがいいのか，項目別に考えてみたいと思います。おおまかには，勘定科目の性質に注目して，勘定科目ごとに作成部門や作成の根拠を変えるのがいいのではないでしょうか。

図表3-5 勘定科目の分類

根拠度合		勘定科目の例	予算・予測の作成部門
実績	意思		
大	ごく小	水道光熱費，地代家賃，保険料	管理会計部門
中	小	人件費	管理会計部門＋担当部門
中	中	売上，広告宣伝費	担当部門

図表3-5を見てください。ここでは，勘定科目ごとに3つのグループに分けてみました。

まず，一番上のグループは，水道光熱費，地代家賃，保険料などから構成されます。これらの勘定科目のイメージは，契約などに基づいてそれほど変動しない，または単価テーブルが決まっているので使用量が予測できれば金額も予想できるといった性質があります。つまり，これらの勘定科目の予算金額は，**過去の実績を拠りどころとして計算することができる**はずです。ただ，社内の各部門の意思が反映しづらい，逆にいうと，短期では削減しづらい項目ともいえます。

これらの勘定科目については，管理会計部門でいったん数字を作成してみることも十分可能だと思います。なお，**実務においては，管理会計部門で仮の数**

字を作成して，念のため別の部門に確認してもらうという進め方がよりよいかもしれません。

　次に，真ん中を飛ばして，先に一番下のグループを見てみましょう。売上や広告宣伝費というのは，会社の戦略の方向性に大きな影響を受ける，意思決定次第の勘定科目といえます。いきなり10倍になるということはさすがに考えにくいですが，実績だけを見て予算の数字を考えるのは難しいと思います。
　そこで，このような科目は，担当部門に作成を依頼することが必要です。例えば，売上は営業部門に，広告宣伝費は広告宣伝部門に，経営戦略の方向性を踏まえて作成してもらいましょう。

　そして，真ん中の人件費に代表されるグループは，ちょうど上と下のグループの両方の性質を併せ持っているといえます。想像できると思いますが，人員数はそれほど急激には増減しないことが多く，また，各人の給料も急激には変化しないため，人件費は予想できる部分も大きいといえます。しかしその一方で，人事部門が業績改善のためにリストラなどのアクションを予定していないとも限りません。
　そこで，**管理会計部門と担当部門（この例では人事部門）が一体となって数字を作成するというのがベストなやり方だと思います。**筆者の経験からいえば，人事部門は計算が苦手な人が多いきらいがあります。その一方で，社会保険や退職金制度など会計的にも難しい論点が含まれていることもあり，管理会計部門が深く入り込んで予算を作成することが必要な分野だといえます。

(2) 責任を明確化する

　ところで，なぜ，各勘定科目の数字をどの部門が担当するのかをこのように明確にするのでしょうか。それは，実行する責任を明確にするためです。予算は，単に数字を決めたら終わりというわけでは当然ありません。むしろ，数字を決めた後に，これをどのように達成していくかが重要です。したがって，予

算として決めた数字について，後から「自分たちが決めた数字ではない」「自分たちの頑張りではどうにもならない」などといわれても困るのです。したがって，
- 実際にその数字を変えることができる能力を持った部門を
- 明確に割り当てる

ことで，達成可能な予算をつくることができるようになります。

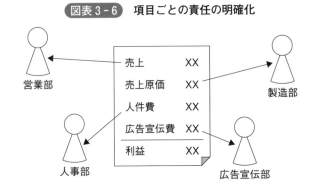

図表3-6　項目ごとの責任の明確化

5　予算数字の計算方法は2種類ある

それでは，分担の決まった予算項目について，数字（金額）はどのように計算したらよいのでしょうか。工夫が特に必要なのは売上，広告宣伝費，人件費といった勘定科目です。これらは，複数の要因が影響したり複数の部門が関わっていたりします。また，これらの科目は業績へ与える影響が大きいため，とかく注目され，改善の対象になりやすいものです。そこで，**行動とセットで考えることが重要です。**

重要な科目の数字の計算方法には，2種類あります。

(1) 乗算型

　まずは，乗算型と呼ばれる，四則演算のうち掛け算で計算できるものです。例えば，小売業では売上は「客単価×客数」で分解するのが一般的です。また，アルバイトの人件費は「アルバイトの平均時給×アルバイトの労働時間数」に分解できます。これらは後ほど詳しく説明しますが，KPIにかなり近い考え方です。

　なぜこのように分解するかといえば，**改善のための行動を考えるのに，この切り口が適している**ためです。例えば，先ほどの売上の例でいえば，客単価を上げるのは顧客の状況から厳しいのであれば，客数を伸ばす，という方向性を考えることができます。このように，重要な勘定科目だからこそ，行動とセットで考えられるよう，予算数字の計算方法も工夫する必要があるのです。

　実務上の留意点として，客単価に責任を負うのは商品を仕入れる商品部門で，客数は営業部門というように，複数の部門に分かれることもあります。この場合には，予算の段階で，客単価でいくら，客数でいくらと，それぞれどのような前提を置いていたのかを明らかにしないと，期中に売上不振となった場合に，部門間で責任の押し付け合いが始まってしまいます。乗算型の場合は複数部門に構成要素がまたがることも多いので，予算作成の際の進め方には特に注意が必要です。

(2) 加算型

　もう1つの方法は，加算型と呼べる，四則演算のうち足し算で計算できるものです。例えば，広告宣伝費は，TV，電車，インターネットなど広告を出す媒体ごとに分けることができます。これは，広告宣伝においては媒体ごとに対象顧客や効果が異なるため，媒体ごとに管理することが広告宣伝部門の活動において一般的であることに基づいた分類です。このように，各部門の行動計画に沿った形で，多種多様な切り口が考えられます。

　実務上の管理のポイントとして，後ほど詳しく説明しますが，この分類は補

助科目と整合させると，予算管理は飛躍的に簡単になります。この加算型の分類は，先に挙げた広告宣伝費のように，担当する部門が1つということも多いといえます。その場合，**その部門の業務内容や活動方針を聞くことで，分類は容易に考えることができる**と思います。

図表3-7　数字の計算方法

型	乗算型	加算型
例	売上＝客単価×客数 人件費＝時給×労働時間数	広告宣伝費＝TV広告＋交通広告＋インターネット広告

　なお，当然，乗算型と加算型の折衷型もありえます。例えば，全国展開している会社であれば，まず，全社の売上をエリア別に分解して加算型で計算したうえで，エリアごとに客単価と客数に分解して乗算型で計算するといった具合です。このように，業種，特に各部門が業務を進めるうえで実務に採用している考え方に合った分解をすることが，予算を成功させる大きな第一歩といえます。

　また，各部門に記入してもらうときに，月ごとの金額は計算するのは難しく，年度合計であれば計算できるという場合も多いと思います。売上や人件費など重要な科目でなければ，年度合計の数字だけ入手するのでもかまわないでしょう。この場合については，次の節で詳しく説明します。

●第1節のまとめ
- 予算回収フォーマットは，各部門が入力しやすいものを使いましょう。
- 予算の作成は，勘定科目の性質に応じて適切な部門に割り当てましょう。
- 予算の数字のつくり方として，乗算型と加算型を使い分けましょう。

第2節　集計する

1　予算のフォーマットは月別損益計算書

　各部門から数字を提出してもらったら，その情報を集約して，会社全体の予算をつくります。具体的には，**図表3-8**のような形式のものがいいと思います。縦軸は勘定科目，横軸は月が並んでいます。なお，上段には金額，下段には売上高構成比を並べています。これにより，**利益率の推移も確認できますし，特に変動費の状況を理解しやすくなります。**

　以下では，このフォーマットのつくり方を説明していきましょう。

図表 3-8　予算

単位：千円	日数	30 予算 4月	31 予算 5月	30 予算 6月	31 予算 7月	31 予算 8月	30 予算 9月	31 予算 10月	30 予算 11月
売上		105,000	108,500	105,000	108,500	108,500	105,000	108,500	105,000
売上原価		73,500	75,950	73,500	75,950	75,950	73,500	75,950	73,500
売上総利益		31,500	32,550	31,500	32,550	32,550	31,500	32,550	31,500
変動費									
商品廃棄損		2,205	2,279	2,205	2,279	2,279	2,205	2,279	2,205
棚卸減耗損		368	380	368	380	380	368	380	368
支払ロイヤルティ		12,600	13,020	12,600	13,020	13,020	12,600	13,020	12,600
計		15,173	15,678	15,173	15,678	15,678	15,173	15,678	15,173
限界利益		16,328	16,872	16,328	16,872	16,872	16,328	16,872	16,328
店舗固定費									
人件費		7,200	7,440	7,200	7,440	7,440	7,200	7,440	7,200
賃借料		5,000	5,000	5,000	5,000	5,000	5,000	5,000	5,000
水道光熱費		1,000	1,000	1,000	1,000	1,000	1,000	1,000	1,000
計		13,200	13,440	13,200	13,440	13,440	13,200	13,440	13,200
貢献利益		3,128	3,432	3,128	3,432	3,432	3,128	3,432	3,128
本社費									
広告宣伝費		1,575	1,628	1,575	1,628	1,628	1,575	1,628	1,575
その他本社費		525	543	525	543	543	525	543	525
計		2,100	2,170	2,100	2,170	2,170	2,100	2,170	2,100
営業利益		1,028	1,262	1,028	1,262	1,262	1,028	1,262	1,028

単位：%	4月	5月	6月	7月	8月	9月	10月	11月
売上	100.0%	100.0%	100.0%	100.0%	100.0%	100.0%	100.0%	100.0%
売上原価	70.0%	70.0%	70.0%	70.0%	70.0%	70.0%	70.0%	70.0%
売上総利益	30.0%	30.0%	30.0%	30.0%	30.0%	30.0%	30.0%	30.0%
変動費								
商品廃棄損	2.1%	2.1%	2.1%	2.1%	2.1%	2.1%	2.1%	2.1%
棚卸減耗損	0.4%	0.4%	0.4%	0.4%	0.4%	0.4%	0.4%	0.4%
支払ロイヤルティ	12.0%	12.0%	12.0%	12.0%	12.0%	12.0%	12.0%	12.0%
計	14.5%	14.5%	14.5%	14.5%	14.5%	14.5%	14.5%	14.5%
限界利益	15.6%	15.6%	15.6%	15.6%	15.6%	15.6%	15.6%	15.6%
店舗固定費								
人件費	6.9%	6.9%	6.9%	6.9%	6.9%	6.9%	6.9%	6.9%
賃借料	4.8%	4.6%	4.8%	4.6%	4.6%	4.8%	4.6%	4.8%
水道光熱費	1.0%	0.9%	1.0%	0.9%	0.9%	1.0%	0.9%	1.0%
計	12.6%	12.4%	12.6%	12.4%	12.4%	12.6%	12.4%	12.6%
貢献利益	3.0%	3.2%	3.0%	3.2%	3.2%	3.0%	3.2%	3.0%
本社費								
広告宣伝費	1.5%	1.5%	1.5%	1.5%	1.5%	1.5%	1.5%	1.5%
その他本社費	0.5%	0.5%	0.5%	0.5%	0.5%	0.5%	0.5%	0.5%
計	2.0%	2.0%	2.0%	2.0%	2.0%	2.0%	2.0%	2.0%
営業利益	1.0%	1.2%	1.0%	1.2%	1.2%	1.0%	1.2%	1.0%

第3章　予算のつくり方＜本番編＞　55

損益計算書

	31	31	28	31	365						
	予算	予算	予算	予算							
	12月	1月	2月	3月	年間計	1Q	2Q	3Q	4Q	1H	2H
	108,500	108,500	98,000	108,500	1,277,500	318,500	322,000	322,000	315,000	640,500	637,000
	75,950	75,950	68,600	75,950	894,250	222,950	225,400	225,400	220,500	448,350	445,900
	32,550	32,550	29,400	32,550	383,250	95,550	96,600	96,600	94,500	192,150	191,100
	2,279	2,279	2,058	2,279	26,828	6,689	6,762	6,762	6,615	13,451	13,377
	380	380	343	380	4,471	1,115	1,127	1,127	1,103	2,242	2,230
	13,020	13,020	11,760	13,020	153,300	38,220	38,640	38,640	37,800	76,860	76,440
	15,678	15,678	14,161	15,678	184,599	46,023	46,529	46,529	45,518	92,552	92,047
	16,872	16,872	15,239	16,872	198,651	49,527	50,071	50,071	48,983	99,598	99,054
	7,440	7,440	6,720	7,440	87,600	21,840	22,080	22,080	21,600	43,920	43,680
	5,000	5,000	5,000	5,000	60,000	15,000	15,000	15,000	15,000	30,000	30,000
	1,000	1,000	1,000	1,000	12,000	3,000	3,000	3,000	3,000	6,000	6,000
	13,440	13,440	12,720	13,440	159,600	39,840	40,080	40,080	39,600	79,920	79,680
	3,432	3,432	2,519	3,432	39,051	9,687	9,991	9,991	9,383	19,678	19,374
	1,628	1,628	1,470	1,628	19,163	4,778	4,830	4,830	4,725	9,608	9,555
	543	543	490	543	6,388	1,593	1,610	1,610	1,575	3,203	3,185
	2,170	2,170	1,960	2,170	25,550	6,370	6,440	6,440	6,300	12,810	12,740
	1,262	1,262	559	1,262	13,501	3,317	3,551	3,551	3,083	6,868	6,634

12月	1月	2月	3月	年間計	1Q	2Q	3Q	4Q	1H	2H
100.0%	100.0%	100.0%	100.0%	100.0%	100.0%	100.0%	100.0%	100.0%	100.0%	100.0%
70.0%	70.0%	70.0%	70.0%	70.0%	70.0%	70.0%	70.0%	70.0%	70.0%	70.0%
30.0%	30.0%	30.0%	30.0%	30.0%	30.0%	30.0%	30.0%	30.0%	30.0%	30.0%
2.1%	2.1%	2.1%	2.1%	2.1%	2.1%	2.1%	2.1%	2.1%	2.1%	2.1%
0.4%	0.4%	0.4%	0.4%	0.4%	0.4%	0.4%	0.4%	0.4%	0.4%	0.4%
12.0%	12.0%	12.0%	12.0%	12.0%	12.0%	12.0%	12.0%	12.0%	12.0%	12.0%
14.5%	14.5%	14.5%	14.5%	14.5%	14.5%	14.5%	14.5%	14.5%	14.5%	14.5%
15.6%	15.6%	15.6%	15.6%	15.6%	15.6%	15.6%	15.6%	15.6%	15.6%	15.6%
6.9%	6.9%	6.9%	6.9%	6.9%	6.9%	6.9%	6.9%	6.9%	6.9%	6.9%
4.6%	4.6%	5.1%	4.6%	4.7%	4.7%	4.7%	4.7%	4.8%	4.7%	4.7%
0.9%	0.9%	1.0%	0.9%	0.9%	0.9%	0.9%	0.9%	1.0%	0.9%	0.9%
12.4%	12.4%	13.0%	12.4%	12.5%	12.5%	12.4%	12.4%	12.6%	12.5%	12.5%
3.2%	3.2%	2.6%	3.2%	3.1%	3.0%	3.1%	3.1%	3.0%	3.1%	3.0%
1.5%	1.5%	1.5%	1.5%	1.5%	1.5%	1.5%	1.5%	1.5%	1.5%	1.5%
0.5%	0.5%	0.5%	0.5%	0.5%	0.5%	0.5%	0.5%	0.5%	0.5%	0.5%
2.0%	2.0%	2.0%	2.0%	2.0%	2.0%	2.0%	2.0%	2.0%	2.0%	2.0%
1.2%	1.2%	0.6%	1.2%	1.1%	1.0%	1.1%	1.1%	1.0%	1.1%	1.0%

2　年度合計の数字を月別に按分する

まず，横軸，つまり月次の数字のつくり方です。

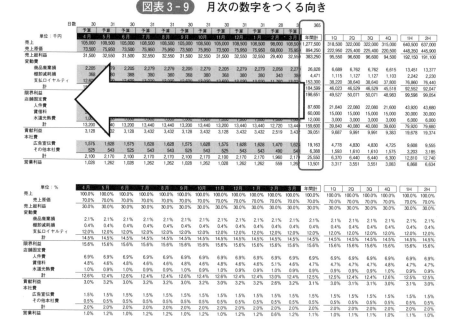

図表3-9　月次の数字をつくる向き

多くの会社では，決算を毎月締めることで，月単位で実績数値がまとめられるのが実務では一般的です。その際，予算に対する進捗を確認することが多いので，予算も月次で作成しておく必要があります。ただし，予算の作成対象となる期間の後半は1年近く先のことであり，どの月にどのコストがいくら発生するかを厳密に特定することが難しい場合が実務では極めて多いと思います。

そこで，このような場合には，年間の金額を決めて，それを月ごとに配分するという方法が一般的にはとられます。月ごとに配分する方法にもいくつかあります。

図表3-10 年度合計額の月別按分方法

No.	方　　法	例	適している場合
1.	他の勘定科目の月次の金額をもとに按分する	販売手数料	他の勘定科目に連動する場合
2.	前年のその勘定科目の月次の金額をもとに按分する	水道光熱費，保険料	季節や月による変動がある場合
3.	年間の数字を決定して，それを12か月で均等按分する	修繕費	予想するのが難しい場合や，現時点では支出方針が決まっていない場合

　まず，1つ目は，**他の勘定科目の月次の金額をもとに，年度合計の金額を月次に按分する**という方法です。この方法は，例えば，売上原価や販売手数料などに適用するのが望ましいといえます。

　これらの科目は，売上が増えればともに増え，減った場合には減ります。このように，特定の勘定科目と連動する場合には，連動する勘定科目の月次の金額（この例では売上）をベースにして，年度合計の金額しかない勘定科目の金額（この例では売上原価や販売手数料）を按分計算するのが一般的です。

　そのためにも，売上など他に与える影響が大きい勘定科目は，あらかじめ月次で金額を用意しておく必要があるのです。したがって，売上の金額によって予算上の月次の業績が大きく変わってくるため，売上の予算の金額の決定は重要です。

　2つ目の方法は，**その勘定科目の前年の月次の数字をベースとして計算する**という方法です。これは，特定の科目との関係性が強いわけではないものの，年度内で月によって増減する場合に向いている方法です。水道光熱費や保険料などが代表例として挙げられます。

　みなさんのご自宅もそうだと思いますが，夏冬はエアコンを使うため電気代が上がる傾向にあると思います。このような季節性を月次金額に反映するには，前年の実績をもとにすれば可能になります。また，保険料は，金額がそれほど大きくないため，前払費用などの経過勘定を使って月に按分することまではせず，年に1回まとめて費用計上するケースも多いでしょう。この場合も，次年

度もおそらく前年と同じ月に費用計上することが予想されるため，前年の発生月を参考にするという方法が最もよいと考えられます。

3つ目はとてもシンプルで，**年間の金額を12か月に均等按分する**という単純な方法です。

例えば，修繕費などがこれに該当します。ある月に集中して大規模な修繕を行うという計画を事前に立てている場合を除いて，必要になった場合にやむを得ず修繕を行うというケースも多々あります。このような場合，**どの月に修繕費が発生するかを事前に考えるのは難しく，また，慎重に考える必要性も高いとはいえません。そこで，各月に均等に配分するというのも，効率が大事な実務においては必要な割り切りといえます。** また，現時点では月ごとの活動量が決まっていない場合にも，この方法を適用できます。

以上のように，年度合計しか金額が存在しない勘定科目については，上記3つのどのパターンに該当するのかを分解したうえで，計算方法を決定しましょう。このようにグルーピングしてパターン化することで，勘定科目ごとに都度計算方法を考えるという手数がなくなります。

なお，「年間計」の右側には，四半期ごとの列と半期ごとの列を設けています。単にそれぞれの期間ごとの累計を示す欄ですが，これを設けておくことで，あとあと効果的な管理が可能になります。この点はあらためて説明します。

3　予算の勘定科目は社内利用されるものを選ぶ

(1) 管理会計か制度会計か

次に，縦軸です。縦軸に書かれた勘定科目というのは，どの損益計算書の勘定科目を採用するのがいいのでしょうか。会社によっては，管理会計の損益計算書と制度会計の損益計算書が別に存在しているケースもあります。この場合，

異なる段階利益が表示され，勘定科目名も異なることすらあります。それでは，どちらの損益計算書を採用するのがいいのでしょうか。

図表3-11 予算損益計算書の勘定科目

日数	30	31	30	31	31	30	31	30	31	31	28	31	365						
単位：千円	予算 4月	予算 5月	予算 6月	予算 7月	予算 8月	予算 9月	予算 10月	予算 11月	予算 12月	予算 1月	予算 2月	予算 3月	年間計	1Q	2Q	3Q	4Q	1H	2H
売上	105,000	108,500	105,000	108,500	108,500	105,000	108,500	105,000	108,500	108,500	98,000	108,500	1,277,500	318,500	322,000	322,000	315,000	640,500	637,000
売上原価	73,500	75,950	73,500	75,950	75,950	73,500	75,950	73,500	75,950	75,950	68,600	75,950	894,250	222,950	225,400	225,400	220,500	448,350	445,900
売上総利益	31,500	32,550	31,500	32,550	32,550	31,500	32,550	31,500	32,550	32,550	29,400	32,550	383,250	95,550	96,600	96,600	94,500	192,150	191,100
変動費																			
商品廃棄損	2,205	2,279	2,205	2,279	2,279	2,205	2,279	2,205	2,279	2,279	2,058	2,279	26,828	6,689	6,762	6,762	6,615	13,451	13,377
棚卸減耗損	368	380	368	380	380	368	380	368	380	380	343	380	4,471	1,115	1,127	1,127	1,103	2,242	2,230
支払ロイヤルティ	12,600	13,020	12,600	13,020	13,020	12,600	13,020	12,600	13,020	13,020	11,760	13,020	153,300	38,220	38,640	38,640	37,800	76,860	76,440
計	15,173	15,678	15,173	15,678	15,678	15,173	15,678	15,173	15,678	15,678	14,161	15,678	184,599	46,023	46,529	46,529	45,518	92,552	92,047
限界利益	16,328	16,872	16,328	16,872	16,872	16,328	16,872	16,328	16,872	16,872	15,239	16,872	198,651	49,527	50,071	50,071	48,983	99,598	99,054
店舗固定費																			
人件費	7,200	7,440	7,200	7,440	7,440	7,200	7,440	7,200	7,440	7,440	6,720	7,440	87,600	21,840	22,080	22,080	21,600	43,920	43,680
賃借料	5,000	5,000	5,000	5,000	5,000	5,000	5,000	5,000	5,000	5,000	5,000	5,000	60,000	15,000	15,000	15,000	15,000	30,000	30,000
水道光熱費	1,000	1,000	1,000	1,000	1,000	1,000	1,000	1,000	1,000	1,000	1,000	1,000	12,000	3,000	3,000	3,000	3,000	6,000	6,000
計	13,200	13,440	13,200	13,440	13,440	13,200	13,440	13,200	13,440	13,440	12,720	13,440	159,600	39,840	40,080	40,080	39,600	79,920	79,680
貢献利益	3,128	3,432	3,128	3,432	3,432	3,128	3,432	3,128	3,432	3,432	2,519	3,432	39,051	9,687	9,991	9,991	9,383	19,678	19,374
本社費																			
広告宣伝費	1,575	1,628	1,575	1,628	1,628	1,575	1,628	1,575	1,628	1,628	1,470	1,628	19,163	4,778	4,830	4,830	4,725	9,608	9,555
その他本社費	525	543	525	543	543	525	543	525	543	543	490	543	6,388	1,593	1,610	1,610	1,575	3,203	3,185
計	2,100	2,170	2,100	2,170	2,170	2,100	2,170	2,100	2,170	2,170	1,960	2,170	25,550	6,370	6,440	6,440	6,300	12,810	12,740
営業利益	1,028	1,262	1,028	1,262	1,262	1,028	1,262	1,028	1,262	1,262	559	1,262	13,501	3,317	3,551	3,551	3,083	6,868	6,634

単位：%	4月	5月	6月	7月	8月	9月	10月	11月	12月	1月	2月	3月	年間計	1Q	2Q	3Q	4Q	1H	2H
売上	100.0%	100.0%	100.0%	100.0%	100.0%	100.0%	100.0%	100.0%	100.0%	100.0%	100.0%	100.0%	100.0%	100.0%	100.0%	100.0%	100.0%	100.0%	100.0%
売上原価	70.0%	70.0%	70.0%	70.0%	70.0%	70.0%	70.0%	70.0%	70.0%	70.0%	70.0%	70.0%	70.0%	70.0%	70.0%	70.0%	70.0%	70.0%	70.0%
売上総利益	30.0%	30.0%	30.0%	30.0%	30.0%	30.0%	30.0%	30.0%	30.0%	30.0%	30.0%	30.0%	30.0%	30.0%	30.0%	30.0%	30.0%	30.0%	30.0%
変動費																			
商品廃棄損	2.1%	2.1%	2.1%	2.1%	2.1%	2.1%	2.1%	2.1%	2.1%	2.1%	2.1%	2.1%	2.1%	2.1%	2.1%	2.1%	2.1%	2.1%	2.1%
棚卸減耗損	0.4%	0.4%	0.4%	0.4%	0.4%	0.4%	0.4%	0.4%	0.4%	0.4%	0.4%	0.4%	0.4%	0.4%	0.4%	0.4%	0.4%	0.4%	0.4%
支払ロイヤルティ	12.0%	12.0%	12.0%	12.0%	12.0%	12.0%	12.0%	12.0%	12.0%	12.0%	12.0%	12.0%	12.0%	12.0%	12.0%	12.0%	12.0%	12.0%	12.0%
計	14.5%	14.5%	14.5%	14.5%	14.5%	14.5%	14.5%	14.5%	14.5%	14.5%	14.5%	14.5%	14.5%	14.5%	14.5%	14.5%	14.5%	14.5%	14.5%
限界利益	15.6%	15.6%	15.6%	15.6%	15.6%	15.6%	15.6%	15.6%	15.6%	15.6%	15.6%	15.6%	15.6%	15.6%	15.6%	15.6%	15.6%	15.6%	15.6%
店舗固定費																			
人件費	6.9%	6.9%	6.9%	6.9%	6.9%	6.9%	6.9%	6.9%	6.9%	6.9%	6.9%	6.9%	6.9%	6.9%	6.9%	6.9%	6.9%	6.9%	6.9%
賃借料	4.8%	4.6%	4.8%	4.6%	4.6%	4.8%	4.6%	4.8%	4.6%	4.6%	5.1%	4.6%	4.7%	4.7%	4.7%	4.7%	4.8%	4.7%	4.7%
水道光熱費	1.0%	0.9%	1.0%	0.9%	0.9%	1.0%	0.9%	1.0%	0.9%	0.9%	1.0%	0.9%	0.9%	0.9%	0.9%	0.9%	1.0%	0.9%	0.9%
計	12.6%	12.4%	12.6%	12.4%	12.4%	12.6%	12.4%	12.6%	12.4%	12.4%	13.0%	12.4%	12.5%	12.5%	12.4%	12.4%	12.6%	12.5%	12.5%
貢献利益	3.0%	3.2%	3.0%	3.2%	3.2%	3.0%	3.2%	3.0%	3.2%	3.2%	2.6%	3.2%	3.1%	3.0%	3.1%	3.1%	3.0%	3.1%	3.0%
本社費																			
広告宣伝費	1.5%	1.5%	1.5%	1.5%	1.5%	1.5%	1.5%	1.5%	1.5%	1.5%	1.5%	1.5%	1.5%	1.5%	1.5%	1.5%	1.5%	1.5%	1.5%
その他本社費	0.5%	0.5%	0.5%	0.5%	0.5%	0.5%	0.5%	0.5%	0.5%	0.5%	0.5%	0.5%	0.5%	0.5%	0.5%	0.5%	0.5%	0.5%	0.5%
計	2.0%	2.0%	2.0%	2.0%	2.0%	2.0%	2.0%	2.0%	2.0%	2.0%	2.0%	2.0%	2.0%	2.0%	2.0%	2.0%	2.0%	2.0%	2.0%
営業利益	1.0%	1.2%	1.0%	1.2%	1.2%	1.0%	1.2%	1.0%	1.2%	1.2%	0.6%	1.2%	1.1%	1.0%	1.1%	1.1%	1.0%	1.1%	1.0%

答えは，社内で実際に使用されている，経営陣が意思決定に使っている損益計算書を採用しましょう。

　予算というのは，社内各部門の翌年の行動計画を数字化したものです。**行動計画を役に立つものにするためには，当事者である各部門がわかるものにしなくては意味がありません。**また，経営陣も行動計画に対する進捗を常に確認したがります。即座に情報を提供できるようにするためにも，予算作成のベースとなる損益計算書は，社内で一般に使われているものが最適だと思います。おそらく，多くの会社では，管理会計の損益計算書がこれに該当すると思います。

(2) 作成したものを組み替える

上場会社などにおいて，業績予想用に制度会計の損益計算書の形の予算が必要になるかもしれません。その場合には，管理会計ベースでいったん数字を作成したうえで，これを制度会計用に組み替えるという形で対応することが必要になります。**制度会計用と管理会計用を別々につくるのではありません。どちらかをつくって，もう一方はそれを組み替えることが重要です。**

この方法は，実績数値の取扱いと同じです。多くの会社では，管理会計の数値に対して組替仕訳を加えることで，制度会計の数値が作成されます。実際には，この過程はあらかじめ組替仕訳の種類と対象データを特定しておくことで，システムを通じて自動化されていることがほとんどです。予算においては，この流れを手作業で行うことになります。

具体的には，組替仕訳の予算を作成し，これを管理会計ベースの予算に加えることで，制度会計ベースの予算を作成することができます。

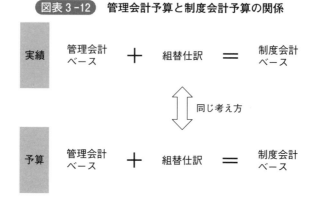

図表3-12　管理会計予算と制度会計予算の関係

予算作成において，組替仕訳として考えられるパターンは3つあります。

まず，減損損失や退職給付費用などの会計基準に基づく決算仕訳が挙げられます。これらは管理会計が主に想定する社内業績の管理とは少し性質が異なります。そのため，予算作成の際に，見落としてしまうケースがあります。

次に，管理会計と制度会計で異なるロジックで計算している場合があります。例えば，管理会計上は標準単価を用いて費用を計算し，一方で制度会計では実際単価にて費用を計上している場合がこれに当たります。予算作成においても，この場合には，「実際単価」がいくらになりそうなのかを予測し，標準単価と差があるようであれば，その差額を組替仕訳で反映する必要があります。

さらに，管理会計と制度会計では，計上するカテゴリや影響する段階利益が異なる場合があります。例えば，多店舗展開業において店舗で発生する人件費を，管理会計上は販売費及び一般管理費として捉えているものの，制度会計上は売上原価として扱うケースもあります。この場合，制度会計ベースの予測を作成するためには，この人件費を販売費及び一般管理費から売上原価に組み替える必要があります。

なお，1つめと2つめの組替仕訳のパターンは，制度会計と管理会計の利益一致問題にも深く関わります。詳細は，そちらの章を参照ください。

また，損益計算書の勘定科目の粒度も大事なポイントです。基本的に勘定科目の単位をおすすめします。これが細かすぎず大きすぎないという理由です。補助科目の単位を採用してしまうと，かなり細かくなってしまい，損益計算書が何枚にもわたることになってしまいます。また，準備段階で経営者と共有するときに使用する集約した勘定科目では，予算を行動にまで落とし込むのが困難です。

つまり，予算作成においては，多くの場合，管理会計ベースの損益計算書を，横軸は月次，縦軸は勘定科目単位で作成するのが一般的だといえます。

●第2節のまとめ
- 予算作成は，月次損益計算書の完成を目指しましょう。
- 年度合計を月に按分する場合，勘定科目の性質に応じて3パターンのいずれかを当てはめましょう。
- 予算の勘定科目は，社内で使われているものを採用しましょう。

第3節　数字を確認する

1　2つのチェック方法を併用する

　予算作成では，集計した数字を確認するというステップを必ずはさむことが大事です。なぜなら，**目標である予算自体が誤っていたとしたら，目標の意味がありません。**もしくは，そもそも達成が難しいかもしれません。さらに，単に集計するだけでは，専門部署である管理会計部門がわざわざ時間と手間をかけてやる価値が低いといわざるを得ません。

　「予算作成はスケジュールがタイトな中で行われるため，確認に割く時間はない」と思う方もいるかもしれません。そのタイトさは筆者自身も経験していますが，あえて厳しいことをいうとすれば，苦労して作成する予算だからこそ，意味あるものにすべきともいえます。

　予算自体に誤りがないことを確認するには，ポイントを押さえることがとても大切です。予算を確認するポイントは以下の2点であり，この順番に実行するのが大事です。

- ロジックチェック
- ストーリーチェック

図表3-13　2つのチェック方法

(1) 「ロジックチェック」で，数字の正しさをまず確認する

① 誤りの発生箇所を特定する

「ロジックチェック」とは，そもそも数字自体に物理的かつ客観的な誤りがない状態を確認することです。例えば，転記ミスにより売上の数字が1ケタ多いとか，誤ってコピー操作をしてしまい水道光熱費と備品費にまったく同じ金額が記入されている，といった事柄がこれに当たります。

これらの誤りは，数字を作成する過程を振り返ると，以下の3段階のどこかでミスが起こるために生じます。

- 各部からの提出資料がそもそも間違っている（インプット）
- 管理会計部門で入力や転記するときに間違った（プロセス）
- 集計された表がなんだかおかしい（アウトプット）

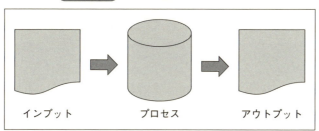

図表3-14　誤りの発生箇所を特定する

インプット　　プロセス　　アウトプット

どこで間違えているのかによって，間違いを直す対処法が変わってきます。
この点は後述しますが，間違いがどの段階で起きているのかを意識することが，時間がない中で予算作業を進めるうえでは大事です。また，この見方は，修正対応だけでなく，それ以前に，間違いを発見するときのヒントにも，さらには間違いを予防するときのヒントにもなります。

② ボトムアップでチェックしない

ロジックチェックに関するもう1つの留意点は，「ボトムアップでチェック

してはいけない」ということです。**特に，経理のキャリアが長い人からすると違和感があると思いますが，予算において確保すべき正しさは「100%」でなくてもよいのです。**

　例えば，関東支店の水道光熱費が正しくは月10,000円のところ，誤って年10,000円として転記されていたとします。この110,000円の差（正しい金額10,000円×12か月－間違った金額10,000円で計算されます）は，確かに間違いではありますが，おそらくどの会社においても，予算全体の観点からはそれほど大きくない影響といえると思います。このような誤りは，大胆に考えると，見つけなくてもよいのです。その代わりに，**予算の全体像に影響するような大きい誤りをなくし，さらには期待されている期限を守って提出することのほうを優先すべきです。**

　これを実行するためには，転記の過程をもう1回トレースするような積み上げ型，つまりボトムアップ方式の確認に代えて，トップダウン方式で確認することが求められます。具体的には，まずは，経営者に提出するための概要損益計算書におかしな点がないかという視点で見てみます。例えば，売上が伸びているのに変動費が増えていない，人数を増やす計画なのに人件費が減っているなどが挙げられます。概要損益計算書の荒めの粒度で，このような問題が発見されなければ，管理会計部門で集計した1段階細かい詳細版損益計算書で同じような視点でチェックをしましょう。

　このように**大きな視点から小さな視点へという流れが大切**です。なぜなら，冒頭にも説明したとおり，予算作成は時間の制約と戦いです。その制約の中，チェックを効率的に行う方法がこれだからです。

(2)　「ストーリーチェック」で，経営者からの見え方を確認する

　もう1つのチェックである「ストーリーチェック」というのは，集計した予算は経営者のほしい数字になっているのか，という観点で行うチェックです。例えば，経営者は増収増益を期待しているのに減収減益になっている，または全社的なコスト削減の方向性なのに物流部門だけはコストが上がっている，な

どといった内容が例として挙げられます。つまり，経営者の立場に立って，資料を見たら気になって質問するであろう点をあらかじめ抽出するチェックといえます。

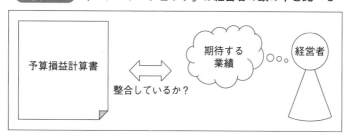

図表3-15　「ストーリーチェック」は経営者の頭の中と比べる

　これは正確性チェックとは違って，正しい1つの答えに修正するというものではなく，何が起きているのか事情や背景を確認するものです。ロジックチェックに比べると，やや主観的なチェックといえます。

　ところで，「ストーリーテリング」という用語をご存じですか？　予算は数字のかたまり（合体したもの）といえますが，同時に全体で何かメッセージを伝えるものでもあります。数字を伝えるのではなく，それが意味する「メッセージ自体に重きを置いてコミュニケーションすること」を「ストーリーテリング」と呼びます。この「ストーリーテリング」の観点から，もともと伝えたかった全体のメッセージと，実際に集計した数字が一致しているのかを確認するのがストーリーチェックなのです。

2　「ロジックチェック」の具体的な方法

　ロジックチェックの具体的なやり方を，もう少し見てみたいと思います。
- 変動費は％で，固定費は金額で比較する
- 下から上，右から左，まとまりから個別の中身を見る
- 半期，四半期の配分にも目を配る

(1) 変動費は％で，固定費は金額で比較する

ご存じのとおり，費用は，売上に比例して金額が増減する変動費と，売上が変化しても金額が一定である固定費の2種類に分かれます。変動費と固定費では，数字をチェックするときにも見るポイントが異なります。

図表3-16　チェックポイント

① 変動費のチェックポイント

変動費の場合には，売上高構成比（変動費率ともいう）の差分に注目すると，効率的に誤りを発見することができます。

下記の例（**図表3-17**）を見てみましょう。売上原価の増減額は＋15です。これが売上の増加分によるものなのか，それとも売上高構成比の変化によるものなのかを区別する必要があります。

もし，売上原価について，X期の予算は前年のX-1期から原価率が変わらない前提で作成されていた場合，増減額はすべて売上の増減によるものと確認される必要があります。例えば，下記の例であれば，売上原価の増減＋15が，売上の増加＋50のみによるものだということを確認しなくてはいけません。

図表3-17　変動費が増減する場合

	X-1期		X期		増減	
売上	100	100%	150	100%	＋50	－%
売上原価	30	30%	45	30%	＋15	－%

そこで，注目すべきは「売上高構成比」です。売上高構成比は，その名のとおり，売上高に対する各費用の構成割合を指しています。この売上高構成比に

注目することで，変動費の場合には売上高の増減の影響を差し引いた変動費自体の動きを把握することができます。例えば，上記の例では，売上原価の売上高構成比に着目すると，X-1期は30％に対して，X期も30％と変化していないことがわかります。このように，**原則として，変動費の増減を確認する場合には，金額よりも％（売上高構成比）に着目することが効率的といえます。**

② 固定費のチェックポイント

一方，固定費の場合には，増減「金額」の欄に注目しましょう（**図表3-18**）。

固定費というのは，その名のとおり，売上高の増減の影響を受けずに一定金額となる費用のことです。もし，この例の本社費について，X期の予算は前年のX-1期から金額が変わらない前提で作成されていた場合，増減額はゼロであることが確認できる必要があります。実際に下記の例では，そのような前提に立っているので，増減の金額欄を見てみると，「-」（バーと読みます。増減なしの意味です）になっており，問題ないことがわかります。

図表3-18 固定費が増減する場合

	X-1期		X期		増減	
売　　上	100	100％	150	100％	+50	-％
本 社 費	20	20％	20	13％	-	-7％

固定費の場合には，増減「額」だけに注目することが効率的です。売上高構成比に注目してはいけません。例えば，下記の例では，X-1期からX期にかけて本社費の売上高構成比は20％から13％と，7％も大幅に下がっています。このように売上高構成比に注目してしまうと，増減があるように見えますが，実際には先ほど確認したとおり，「増減なし」なのです。売上高構成比は名前のとおり，売上高に対する各費用の比率なので，売上高の増減の影響を受けてしまいます。したがって，**固定費の場合には，売上高構成比ではなく金額に着目するのが効率的といえます。**

③ 実務上の留意点

「変動費は％で，固定費は金額で比較する」

この見方を，理論的な「考え方」として理解することはそれほど難しくないと思います。**大事なのは，これを実務として実際の作業に落とし込むことです。**この見方を使って，実際に帳票やデータをチェックするときにどのように作業に活用するかまで考えるようにすると，数字の正確性向上はもちろん，短時間化にもつながります。

また，この見方を使うには，費用の種類ごとに変動費なのか固定費なのかが明らかになっている必要があります。管理会計ベースの損益計算書であれば，変動費と固定費がその性質ごとにグルーピングされていることも多いため，適用しやすいと思います。このグループは変動費なので％に着目し，もう一方のグループは固定費なので金額に注目するといった具合です。

しかしながら，管理会計ベースの損益計算書でも変動費と固定費が混ざって表示されている場合には，固定費と変動費のいずれなのかは明記されていません。この場合には，自分で意識的に区分しなくてはなりません。具体的には，それぞれの費目の主な内容と金額を確認したうえで，変動費なのか固定費なのかを分類します。

なお，実務では準変動費や準固定費も多く存在します。準変動費は変動費の仲間とみなして売上高構成比の差分に，準固定費の場合には固定費の仲間とみなして金額の差分に注目すればよいと思います。金額が大きい場合や細部まで確認したい場合には，その勘定科目の内訳まで分解したうえで，性質を特定して上記のような検討をして確認します。

(2) まとまりから個別の流れで見る

タイトなスケジュールの中で予算作成を効率的に進めるためのポイントは，できる限りトップダウン・アプローチをとることにあります。まずは概略版損益計算書を先に見て，次に詳細版損益計算書を見るという点は前述のとおりです。加えて，これら2つの損益計算書のどの箇所から見るかという順番も重要

です。「下から上」、「右から左」が原則といえます。

例えば、縦軸であれば、営業利益（または最終利益）が表示されている最下部から見て、必要に応じて上へ目線を移していきましょう。前期に対して利益が減少していた場合、どの段階利益で減少が発生しているかを見て、さらにその原因となっている勘定科目は何かを特定します。

また、左右方向では、年度合計が表示されている右部にまず着目し、その後、必要に応じてその詳細を表示する左に目を移しましょう。例えば、上述のように縦方向に目線を移していくことで、増減の原因の勘定科目が特定できたとします。次は、年度の途中でどの月が原因なのかを特定するため、上半期と下半期のどちらに増減が生じているのか、さらにどの四半期なのか、そして何月なのかと見ていきましょう。つまり、必要に応じて半期、四半期、月とブレークダウンしていきます。このような手順で確認することで、効率的に、そして漏

図表3-19　チェックの流れ（下から上、右から左）

(3) 半期，四半期の配分にも目を配る

最後に，半期および四半期の配分に問題はないかを確認しましょう。半期や四半期での業績が注目されやすい上場会社を中心に，参考程度に実施するのでもかまいません。

具体的な確認方法としては，まず，上半期と下半期の営業利益（または最終利益）の金額を比較します。差が大きいようであれば，どの科目が原因なのかを特定し，それが妥当なのかを検討します（縦方向のチェック）。

次に，四半期ごとのバランスを確認すべく，四半期ごとの利益の金額を比較します。すでに上半期と下半期は比較済みであり，また，4つの四半期を同時に比較するのは大変なので，上半期に含まれる2つの四半期，下半期に含まれ

図表3-20　チェックの流れ（年から半期・四半期へ）

る2つの四半期を相互に比較するとやりやすいかもしれません。
　このようにして，**半期および四半期ごとにロジックチェックをすることで，それぞれの期間の利益のバランスを確認しつつ，同時に金額の正しさも確認で**きます。

3　「ストーリーチェック」の具体的な方法

　ストーリーチェックを進めていると，各部門から出された予算に一定の傾向が見えてくると思います。それは，各部門の数字は「売上は過小に，費用は過大に」という一定の方向性をもってつくられていることが多いということです。
　各部門の立場からすれば，「予算を年度の途中で変えることはできないので，確実に達成するためには保険として少し余裕をもって予算をもらっておこう」と考えるのは，当然の発想ともいえます。しかし，この**「少しの余裕」が，予算を無意味にし，余計な手数をかけることになる原因なのです。**
　各部門からすれば「少しの余裕」でも，全社の予算に集計すると大きな金額になってしまい，これが経営者の期待していた業績から乖離させる原因になることがとても多いのです。なぜなら，経営者が自身の肌感覚をもとに考えている期待数値は，この「少しの余裕」を含んでいないからです。この「少しの余裕」（会社によって「バッファー」と呼ぶこともあります）を各部門が独自に追加したために，数字が経営者の期待からずれていくのです。

(1)　「少しの余裕」を攻略する

　ということは，逆に考えると，**この「少しの余裕」を管理会計部門が発見することができれば，経営者が望む数値に予算を近づけることができます。**これを発見するためには，以下の2つが重要です。
- 3期分の数字の比較
- ビジネスや各部門の業務に関する深い理解

① 3期分の数字の比較

各部門が提出してきた予算の内容について，予算対象年度を含む「過去3期分」の数字を手元に用意しましょう。

数字の比較においては，2期分を対象にすることがよくありますが，この場合は2期分では不十分です。この2期間というのは，翌年度と当年度になりますが，当年度の数字はまだすべてが実績になっておらず，途中月までは実績数値で，以降は予測数値という状態だと思います。予測数値も各部門から入手している場合には，この予測にも予算と同様の「売上は過小に，費用は過大に」の傾向が表れていることが多く，そのような予測数値と比較しても予算の数字が妥当なのかは判断できません。

では，どうすればいいかといえば，当年度よりもさらに1年さかのぼった前年の数値を比較対象に加えることで，情報の精度は格段に上がります。前年の数値はすべてが実績なので，当年度の予測部分に存在した恣意性が介入することはありません。つまり，**予算作成において，実績の数字というのは「動かぬ証拠」であり，議論の余地が生じない便利な比較対象といえます。**なお，前々年の実績を加えた4期分の数字が用意できたら，実績期が2期分となり比較材料が増えるので，さらに心強いと思います。

② ビジネスや各部門の業務に関する深い理解

「少しの余裕」を発見するためのもう1つの方法として，会社のビジネスや各部門の業務に関する深い理解も大きな武器になります。

例えば，広告宣伝部門に対して，広告種類別の予算の内訳を見ながら「テレビCMの金額が多すぎませんか？」という質問はどうしたら思いつくのでしょうか。テレビCMというのは，視聴率に応じて時間帯によって単価が異なることが一般的ですが，この知識があれば，「放送時間帯はどういう前提で考えてのことなのですか？」という，より深い質問につなげることで，再考を促せるかもしれません。また，「従来の広告宣伝の方法から，消費者のトレンドを意識してデジタル広告に移行する」という一般的な広告宣伝の傾向について新

聞などを通じて知っていれば,「テレビCMの金額が従来とそれほど変わらないのはなぜなのでしょうか」と,時代トレンドに合わせて減らす方向性ではないのかと釘をさすこともできます。

このように,**各部門に関する知識の量が増えれば,相手への質問を通じて,「少しの余裕」を発見することができる可能性が高まります**。もちろん,質問の結果「少しの余裕」は含まれていないことがわかったとしても,数字の裏付けが確認できたわけですから,予算作成に必要な確認ができたことには変わりありません。

(2) 正しい予算の定義は,会社とビジネス次第で異なる

予算が正しいかどうかというのは,あくまでもビジネスや業務の実態に照らして判断することです。

予算作成においては,前年に対して大きな増減がなければよし,とする風潮があります。しかし,この考え方は,業務の内容や水準が前期と同じ場合という前提に立った場合にのみ成り立つものです。ということは,予算を吟味し確認するためには,業務の知識は大前提ともいえます。

もちろん,各部門の担当者や管理者の方と同じレベルの実務知識を持つというのは現実的ではありません。実務において,このような意識をもって世の中の一般的な流れや同業他社の動向を知り,各部門の方との会話の内容を理解し,不明な点があれば質問することは,管理会計担当者にとっても可能なことだと思います。一朝一夕にできることではありませんが,まずはこのような意識を持つことから始めてみるのもいいかもしれません。

そもそも,**予算は単なる数字の集計ではなく,会社戦略を示す縮図であるべきであり,中身のある予算をつくるためには,管理会計担当者は要というべきもの**なのですから。

4 チェック用フォーマットで効率的に作業する

(1) フォーマットで必要な情報を一元管理する

　以上，ロジックチェックとストーリーチェックを行うことで，数字の確認作業が終わりました。もうお気づきだと思いますが，この確認作業にはある程度時間がかかります。しかしながら，前述のとおり，この工程は予算が経営のナビゲーションの機能を発揮するためにとても重要なので，時間を確保できるよう事前に余裕をもってスケジュールを組んでおきましょう。

　実際にこのようなチェックを行うのに便利な帳票フォーマットを紹介します（**図表3-21**）。とても横に長い帳票ですが，これがあれば上述したチェックはすべてできる優れものです。

　縦軸としては，詳細版損益計算書の縦軸とまったく同じもの（段階利益や勘定科目を整合させる）を使うとわかりやすいでしょう。同様に，上の段は金額，下の段は売上高構成比をともに用意することが必要です。これにより，変動費または固定費の性質に合わせて適切な欄を選んで確認作業を行うことができるからです。

　横軸は，まず月単位の損益計算書が12か月並び，その後にそれらを集計した4つの四半期，2つの半期，そして年度合計が順に並んでいます。これらは制度会計でよく使用される期間の単位をすべて網羅しています。そして，各期間の中は4種類の数値と差額金額で構成されています。4種類というのは，前述のとおり，翌期予算を中心に，当期予測，前期実績，そして前々期実績を指します。そして，差額の欄は，予算を基準として，当期予測，前期実績，前々期実績との差額により計算されています。

　この帳票はあくまでもサンプルですので，ロジックチェックやストーリーチェックをしやすい，自社に合った帳票を工夫して作成すればよいと思います。このように，重要な作業について自社の手順に合った資料を工夫して作成する

ことで，予算の確認の効率も上がり，正確さも確保できます。

(2) 方針をはっきり決めてチェックする

ところで，このフォーマットを利用するときには，活用方針を明確に持つことが大事です。フォーマットを見ていると，横にとても長いだけでなく，表示されている数字の多さに正直なところげんなりしてしまうと思います。必要なチェックがこれ1枚で済むようにというコンセプトをもとにつくられているので，情報が多いのは当然といえば当然なのですが，とはいえこれを目の前にすると作業する気が失せてしまいます。

そこで，この表を使ってチェックするときには，使い方に関する方針，つまりどこを見るのかと，どの順番で見るのかを明確にすることが大事です。**必ずしもこの広大なフォーマットの隅から隅まですべての数字を見る必要はありません。**数字のチェックが済めばいいのですから。

では，どこをどのような順番で見たらよいのかを，具体的に確認してみましょう。

まずは，**当期予測と翌期予算の差額**に着目してみます。

予算のベースとなるのは，やはり直近期です。そのため，まずは直近期である当期と比較することで，ロジックチェックとストーリーチェックを行うのが現実的です。また，実務では当期予測の作成も同時に管理会計担当者は担当していることも多いです。そうであれば，すでに理解している数字と比較するのはそれほど難しいことではないという極めて実務的な理由もここにはあります。

次に，**必要に応じて，前期実績と翌期予算の差額**を見てみましょう。

ほとんどの場合は，当期予測と比較することで足りることが多いと思います。しかしながら，一時的な要因により当期予測の数字が経常的な水準ではない場合には，当期予測との比較だけでは，翌期予算の数字がこれでよいのかを確認することはできません。そこで，このような場合には，前期実績と比較するこ

図表3-21 予算

単位：千円	X0年度 実績	X1年度 実績	X2年度 予測	4月 X3年度 予算	vs X0年度 実績	vs X1年度 実績	vs X2年度 予測	X0年度 実績	X1年度 実績
売上	102,000	105,000	105,000	105,000	3,000	—	—	105,400	108,500
売上原価	71,400	73,500	73,500	73,500	(2,100)	—	—	73,780	75,950
売上総利益	30,600	31,500	31,500	31,500	900	—	—	31,620	32,550
変動費									
商品廃棄損	2,142	2,205	2,205	2,205	(63)	—	—	2,213	2,279
棚卸減耗損	357	368	368	368	(11)	—	—	369	380
支払ロイヤルティ	12,240	12,600	12,600	12,600	(360)	—	—	12,648	13,020
計	14,739	15,173	15,173	15,173	(434)	—	—	15,230	15,678
限界利益	15,861	16,328	16,328	16,328	467	—	—	16,390	16,872
店舗固定費									
人件費	7,200	7,200	7,200	7,200	—	—	—	7,440	7,440
賃借料	5,000	5,000	5,000	5,000	—	—	—	5,000	5,000
水道光熱費	1,250	1,000	1,250	1,250	—	(250)	—	1,250	1,000
計	13,450	13,200	13,450	13,450	—	(250)	—	13,690	13,440
貢献利益	2,411	3,128	2,878	2,878	467	(250)	—	2,700	3,432
本社費									
広告宣伝費	1,530	1,575	1,575	1,575	(45)	—	—	1,581	1,628
その他本社費	510	525	525	525	(15)	—	—	527	543
計	2,040	2,100	2,100	2,100	(60)	—	—	2,108	2,170
営業利益	371	1,028	778	778	407	(250)	—	592	1,262

単位：％	X0年度 実績	X1年度 実績	X2年度 予測	4月 X3年度 予算	vs X0年度 実績	vs X1年度 実績	vs X2年度 予測	X0年度 実績	X1年度 実績
売上	100.0%	100.0%	100.0%	100.0%	—	—	—	100.0%	100.0%
売上原価	70.0%	70.0%	70.0%	70.0%	—	—	—	70.0%	70.0%
売上総利益	30.0%	30.0%	30.0%	30.0%	—	—	—	30.0%	30.0%
変動費									
商品廃棄損	2.1%	2.1%	2.1%	2.1%	—	—	—	2.1%	2.1%
棚卸減耗損	0.4%	0.4%	0.4%	0.4%	—	—	—	0.4%	0.4%
支払ロイヤルティ	12.0%	12.0%	12.0%	12.0%	—	—	—	12.0%	12.0%
計	14.5%	14.5%	14.5%	14.5%	—	—	—	14.5%	14.5%
限界利益	15.6%	15.6%	15.6%	15.6%	—	—	—	15.6%	15.6%
店舗固定費									
人件費	7.1%	6.9%	6.9%	6.9%	0.2%	—	—	7.1%	6.9%
賃借料	4.9%	4.8%	4.8%	4.8%	0.1%	—	—	4.7%	4.6%
水道光熱費	1.2%	1.0%	1.2%	1.2%	0.0%	(0.2%)	—	1.2%	0.9%
計	13.2%	12.6%	12.8%	12.8%	0.4%	(0.2%)	—	13.0%	12.4%
貢献利益	2.4%	3.0%	2.7%	2.7%	0.4%	(0.2%)	—	2.6%	3.2%
本社費									
広告宣伝費	1.5%	1.5%	1.5%	1.5%	—	—	—	1.5%	1.5%
その他本社費	0.5%	0.5%	0.5%	0.5%	—	—	—	0.5%	0.5%
計	2.0%	2.0%	2.0%	2.0%	—	—	—	2.0%	2.0%
営業利益	0.4%	1.0%	0.7%	0.7%	0.4%	(0.2%)	—	0.6%	1.2%

第3章 予算のつくり方＜本番編＞

チェック資料フォーマット

	2月				3月						
	X2年度予測	X3年度予算	vs X0年度実績	vs X1年度実績	vs X2年度予測	X0年度実績	X1年度実績	X2年度予測	X3年度予算	vs X0年度実績	vs X1年度実績	vs X2年度予測
	114,800	114,240	19,040	16,240	(560)	105,400	108,500	127,100	126,480	21,080	17,980	(620)
	80,360	79,968	(13,328)	(11,368)	392	73,780	75,950	88,970	88,536	(14,756)	(12,586)	434
	34,440	34,272	5,712	4,872	(168)	31,620	32,550	38,130	37,944	6,324	5,394	(186)
	2,411	2,399	(400)	(341)	12	2,213	2,279	2,669	2,656	(443)	(378)	13
	402	400	(67)	(57)	2	369	380	445	443	(74)	(63)	2
	13,776	13,709	(2,285)	(1,949)	67	12,648	13,020	15,252	15,178	(2,530)	(2,158)	74
	16,589	16,508	(2,751)	(2,347)	81	15,230	15,678	18,366	18,276	(3,046)	(2,598)	90
	17,851	17,764	2,961	2,525	(87)	16,390	16,872	19,764	19,668	3,278	2,796	(96)
	8,064	8,870	(2,150)	(2,150)	(806)	7,440	7,440	8,928	9,821	(2,381)	(2,381)	(893)
	6,000	6,000	(1,000)	(1,000)	―	5,000	5,000	6,000	6,000	(1,000)	(1,000)	―
	1,250	1,500	(250)	(500)	(250)	1,250	1,000	1,250	1,500	(250)	(500)	(250)
	15,314	16,370	(3,400)	(3,650)	(1,056)	13,690	13,440	16,178	17,321	(3,631)	(3,881)	(1,143)
	2,537	1,394	(440)	(1,125)	(1,143)	2,700	3,432	3,586	2,347	(353)	(1,085)	(1,239)
	1,722	1,714	(286)	(244)	8	1,581	1,628	1,907	1,897	(316)	(270)	9
	574	571	(95)	(81)	3	527	543	636	632	(105)	(90)	3
	2,296	2,285	(381)	(325)	11	2,108	2,170	2,542	2,530	(422)	(360)	12
	241	−891	(820)	(1,450)	(1,132)	592	1,262	1,044	−183	(774)	(1,445)	(1,227)

	2月				3月						
	X2年度予測	X3年度予算	vs X0年度実績	vs X1年度実績	vs X2年度予測	X0年度実績	X1年度実績	X2年度予測	X3年度予算	vs X0年度実績	vs X1年度実績	vs X2年度予測
	100.0%	100.0%	―	―	―	100.0%	100.0%	100.0%	100.0%	―	―	―
	70.0%	70.0%	―	―	―	70.0%	70.0%	70.0%	70.0%	―	―	―
	30.0%	30.0%	―	―	―	30.0%	30.0%	30.0%	30.0%	―	―	―
	2.1%	2.1%	―	―	―	2.1%	2.1%	2.1%	2.1%	0.0%	0.0%	0.0%
	0.4%	0.4%	―	―	―	0.4%	0.4%	0.4%	0.4%	0.0%	―	―
	12.0%	12.0%	(0.0%)	(0.0%)	(0.0%)	12.0%	12.0%	12.0%	12.0%	(0.0%)	(0.0%)	(0.0%)
	14.5%	14.5%	(0.0%)	(0.0%)	(0.0%)	14.5%	14.5%	14.5%	14.5%	(0.0%)	(0.0%)	(0.0%)
	15.6%	15.6%	(0.0%)	(0.0%)	(0.0%)	15.6%	15.6%	15.6%	15.6%	(0.0%)	(0.0%)	(0.0%)
	7.0%	7.8%	(0.7%)	(0.9%)	(0.7%)	7.1%	6.9%	7.0%	7.8%	(0.7%)	(0.9%)	(0.7%)
	5.2%	5.3%	―	(0.2%)	(0.0%)	4.7%	4.6%	4.7%	4.7%	―	(0.1%)	(0.0%)
	1.1%	1.3%	―	(0.3%)	(0.2%)	1.2%	0.9%	1.0%	1.2%	―	(0.3%)	(0.2%)
	13.3%	14.3%	(0.7%)	(1.4%)	(1.0%)	13.0%	12.4%	12.7%	13.7%	(0.7%)	(1.3%)	(1.0%)
	2.2%	1.2%	(0.7%)	(1.4%)	(1.0%)	2.6%	3.2%	2.8%	1.9%	(0.7%)	(1.3%)	(1.0%)
	1.5%	1.5%	―	―	―	1.5%	1.5%	1.5%	1.5%	0.0%	0.0%	0.0%
	0.5%	0.5%	―	―	―	0.5%	0.5%	0.5%	0.5%	―	―	―
	2.0%	2.0%	―	―	―	2.0%	2.0%	2.0%	2.0%	0.0%	0.0%	0.0%
	0.2%	−0.8%	(0.7%)	(1.4%)	(1.0%)	0.6%	1.2%	0.8%	−0.1%	(0.7%)	(1.3%)	(1.0%)

単位：千円	X0 年度 実績	X1 年度 実績	X2 年度 予測	1Q X3 年度 予算	vs X0 年度 実績	vs X1 年度 実績	vs X2 年度 予測
売上	309,400	318,500	318,500	318,500	9,100	—	—
売上原価	216,580	222,950	222,950	222,950	(6,370)	—	—
売上総利益	92,820	95,550	95,550	95,550	2,730	—	—
変動費							
商品廃棄損	6,497	6,689	6,689	6,689	(191)	—	—
棚卸減耗損	1,083	1,115	1,115	1,115	(32)	—	—
支払ロイヤルティ	37,128	38,220	38,220	38,220	(1,092)	—	—
計	44,708	46,023	46,023	46,023	(1,315)	—	—
限界利益	48,112	49,527	49,527	49,527	1,415	—	—
店舗固定費							
人件費	21,840	21,840	21,840	21,840	—	—	—
賃借料	15,000	15,000	15,000	15,000	—	—	—
水道光熱費	3,750	3,000	3,750	3,750	—	(750)	—
計	40,590	39,840	40,590	40,590	—	(750)	—
貢献利益	7,522	9,687	8,937	8,937	1,415	(750)	—
本社費							
広告宣伝費	4,641	4,778	4,778	4,778	(137)	—	—
その他本社費	1,547	1,593	1,593	1,593	(46)	—	—
計	6,188	6,370	6,370	6,370	(182)	—	—
営業利益	1,334	3,317	2,567	2,567	1,233	(750)	—

単位：％	X0 年度 実績	X1 年度 実績	X2 年度 予測	1Q X3 年度 予算	vs X0 年度 実績	vs X1 年度 実績	vs X2 年度 予測
売上	100.0%	100.0%	100.0%	100.0%	—	—	—
売上原価	70.0%	70.0%	70.0%	70.0%	—	—	—
売上総利益	30.0%	30.0%	30.0%	30.0%	—	—	—
変動費							
商品廃棄損	2.1%	2.1%	2.1%	2.1%	(0.0%)	—	—
棚卸減耗損	0.4%	0.4%	0.4%	0.4%	0.0%	—	—
支払ロイヤルティ	12.0%	12.0%	12.0%	12.0%	—	—	—
計	14.5%	14.5%	14.5%	14.5%	(0.0%)	—	—
限界利益	15.6%	15.6%	15.6%	15.6%	(0.0%)	—	—
店舗固定費							
人件費	7.1%	6.9%	6.9%	6.9%	0.2%	—	—
賃借料	4.8%	4.7%	4.7%	4.7%	0.1%	—	—
水道光熱費	1.2%	0.9%	1.2%	1.2%	0.0%	(0.2%)	—
計	13.1%	12.5%	12.7%	12.7%	0.4%	(0.2%)	—
貢献利益	2.4%	3.0%	2.8%	2.8%	0.4%	(0.2%)	—
本社費							
広告宣伝費	1.5%	1.5%	1.5%	1.5%	—	—	—
その他本社費	0.5%	0.5%	0.5%	0.5%	—	—	—
計	2.0%	2.0%	2.0%	2.0%	—	—	—
営業利益	0.4%	1.0%	0.8%	0.8%	0.4%	(0.2%)	—

第3章　予算のつくり方＜本番編＞　79

			4Q			
X0年度 実績	X1年度 実績	X2年度 予測	X3年度 予算	vs X0年度 実績	vs X1年度 実績	vs X2年度 予測
306,000	315,000	369,000	367,200	61,200	52,200	(1,800)
214,200	220,500	258,300	257,040	(42,840)	(36,540)	1,260
91,800	94,500	110,700	110,160	18,360	15,660	(540)
6,426	6,615	7,749	7,711	(1,285)	(1,096)	38
1,071	1,103	1,292	1,285	(214)	(183)	6
36,720	37,800	44,280	44,064	(7,344)	(6,264)	216
44,217	45,518	53,321	53,060	(8,843)	(7,543)	260
47,583	48,983	57,380	57,100	9,517	8,117	(280)
21,600	21,600	25,920	28,512	(6,912)	(6,912)	(2,592)
15,000	15,000	18,000	18,000	(3,000)	(3,000)	—
3,750	3,000	3,750	4,500	(750)	(1,500)	(750)
40,350	39,600	47,670	51,012	(10,662)	(11,412)	(3,342)
7,233	9,383	9,710	6,088	(1,145)	(3,295)	(3,622)
4,590	4,725	5,535	5,508	(918)	(783)	27
1,530	1,575	1,845	1,836	(306)	(261)	9
6,120	6,300	7,380	7,344	(1,224)	(1,044)	36
1,113	3,083	2,330	−1,256	(2,369)	(4,339)	(3,586)

			4Q			
X0年度 実績	X1年度 実績	X2年度 予測	X3年度 予算	vs X0年度 実績	vs X1年度 実績	vs X2年度 予測
100.0%	100.0%	100.0%	100.0%	—	—	—
70.0%	70.0%	70.0%	70.0%	—	—	—
30.0%	30.0%	30.0%	30.0%	—	—	—
2.1%	2.1%	2.1%	2.1%	0.0%	0.0%	0.0%
0.4%	0.4%	0.4%	0.4%	—	—	—
12.0%	12.0%	12.0%	12.0%	—	—	—
14.5%	14.5%	14.5%	14.5%	0.0%	0.0%	0.0%
15.6%	15.6%	15.6%	15.6%	0.0%	0.0%	0.0%
7.1%	6.9%	7.0%	7.8%	(0.7%)	(0.9%)	(0.7%)
4.9%	4.8%	4.9%	4.9%	—	(0.1%)	(0.0%)
1.2%	1.0%	1.0%	1.2%	—	(0.3%)	(0.2%)
13.2%	12.6%	12.9%	13.9%	(0.7%)	(1.3%)	(1.0%)
2.4%	3.0%	2.6%	1.7%	(0.7%)	(1.3%)	(1.0%)
1.5%	1.5%	1.5%	1.5%	—	—	—
0.5%	0.5%	0.5%	0.5%	—	—	—
2.0%	2.0%	2.0%	2.0%	—	—	—
0.4%	1.0%	0.6%	−0.3%	(0.7%)	(1.3%)	(1.0%)

単位:千円	1H						
	X0年度 実績	X1年度 実績	X2年度 予測	X3年度 予算	vs X0年度 実績	vs X1年度 実績	vs X2年度 予測
売上	622,200	640,500	677,100	640,500	18,300	—	(36,600)
売上原価	435,540	448,350	473,970	448,350	(12,810)	—	25,620
売上総利益	186,660	192,150	203,130	192,150	5,490	—	(10,980)
変動費							
商品廃棄損	13,066	13,451	14,219	13,451	(384)	—	769
棚卸減耗損	2,178	2,242	2,370	2,242	(64)	—	128
支払ロイヤルティ	74,664	76,860	81,252	76,860	(2,196)	—	4,392
計	89,908	92,552	97,841	92,552	(2,644)	—	5,289
限界利益	96,752	99,598	105,289	99,598	2,846	—	(5,691)
店舗固定費							
人件費	43,920	43,920	46,848	43,920	—	—	2,928
賃借料	30,000	30,000	32,000	30,000	—	—	2,000
水道光熱費	7,500	6,000	7,500	7,500	—	(1,500)	—
計	81,420	79,920	86,348	81,420	—	(1,500)	4,928
貢献利益	15,332	19,678	18,941	18,178	2,846	(1,500)	(763)
本社費							
広告宣伝費	9,333	9,608	10,157	8,733	601	875	1,424
その他本社費	3,111	3,203	3,386	3,203	(92)	—	183
計	12,444	12,810	13,542	11,935	509	875	1,607
営業利益	2,888	6,868	5,399	6,243	3,355	(625)	844

単位:%	1H						
	X0年度 実績	X1年度 実績	X2年度 予測	X3年度 予算	vs X0年度 実績	vs X1年度 実績	vs X2年度 予測
売上	100.0%	100.0%	100.0%	100.0%	—	—	—
売上原価	70.0%	70.0%	70.0%	70.0%	—	—	—
売上総利益	30.0%	30.0%	30.0%	30.0%	—	—	—
変動費							
商品廃棄損	2.1%	2.1%	2.1%	2.1%	—	—	—
棚卸減耗損	0.4%	0.4%	0.4%	0.4%	0.0%	—	—
支払ロイヤルティ	12.0%	12.0%	12.0%	12.0%	—	—	—
計	14.5%	14.5%	14.5%	14.5%	0.0%	—	—
限界利益	15.6%	15.6%	15.6%	15.6%	0.0%	—	—
店舗固定費							
人件費	7.1%	6.9%	6.9%	6.9%	0.2%	—	0.1%
賃借料	4.8%	4.7%	4.7%	4.7%	0.1%	—	0.0%
水道光熱費	1.2%	0.9%	1.1%	1.2%	0.0%	(0.2%)	(0.1%)
計	13.1%	12.5%	12.8%	12.7%	0.4%	(0.2%)	0.0%
貢献利益	2.5%	3.1%	2.8%	2.8%	0.4%	(0.2%)	0.0%
本社費							
広告宣伝費	1.5%	1.5%	1.5%	1.4%	0.1%	0.1%	0.1%
その他本社費	0.5%	0.5%	0.5%	0.5%	—	—	—
計	2.0%	2.0%	2.0%	1.9%	0.1%	0.1%	0.1%
営業利益	0.5%	1.1%	0.8%	1.0%	0.5%	(0.1%)	0.2%

第3章 予算のつくり方＜本番編＞ 81

2H						
X0年度 実績	X1年度 実績	X2年度 予測	X3年度 予算	vs X0年度 実績	vs X1年度 実績	vs X2年度 予測
618,800	637,000	746,200	749,000	130,200	112,000	2,800
433,160	445,900	522,340	524,300	(91,140)	(78,400)	(1,960)
185,640	191,100	223,860	224,700	39,060	33,600	840
12,995	13,377	15,670	15,729	(2,734)	(2,352)	(59)
2,166	2,230	2,612	2,622	(456)	(392)	(10)
74,256	76,440	89,544	89,880	(15,624)	(13,440)	(336)
89,417	92,047	107,826	108,231	(18,814)	(16,184)	(405)
96,223	99,054	116,034	116,470	20,246	17,416	435
43,680	43,680	52,416	57,658	(13,978)	(13,978)	(5,242)
30,000	30,000	36,000	36,000	(6,000)	(6,000)	—
7,500	6,000	7,500	9,000	(1,500)	(3,000)	(1,500)
81,180	79,680	95,916	102,658	(21,478)	(22,978)	(6,742)
15,043	19,374	20,118	13,812	(1,232)	(5,562)	(6,306)
9,282	9,555	11,217	11,535	(2,253)	(1,980)	(319)
3,094	3,185	3,731	3,745	(651)	(560)	(14)
12,376	12,740	14,948	15,280	(2,904)	(2,540)	(333)
2,667	6,634	5,171	−1,468	(4,136)	(8,102)	(6,639)

2H						
X0年度 実績	X1年度 実績	X2年度 予測	X3年度 予算	vs X0年度 実績	vs X1年度 実績	vs X2年度 予測
100.0%	100.0%	100.0%	100.0%	—	—	—
70.0%	70.0%	70.0%	70.0%	—	—	—
30.0%	30.0%	30.0%	30.0%	—	—	—
2.1%	2.1%	2.1%	2.1%	(0.0%)	—	—
0.4%	0.4%	0.4%	0.4%	0.0%	—	(0.0%)
12.0%	12.0%	12.0%	12.0%	—	—	—
14.5%	14.5%	14.5%	14.5%	(0.0%)	—	(0.0%)
15.6%	15.6%	15.6%	15.6%	(0.0%)	—	(0.0%)
7.1%	6.9%	7.0%	7.7%	(0.6%)	(0.8%)	(0.7%)
4.8%	4.7%	4.8%	4.8%	0.0%	(0.1%)	0.0%
1.2%	0.9%	1.0%	1.2%	0.0%	(0.3%)	(0.2%)
13.1%	12.5%	12.9%	13.7%	(0.6%)	(1.2%)	(0.9%)
2.4%	3.0%	2.7%	1.8%	(0.6%)	(1.2%)	(0.9%)
1.5%	1.5%	1.5%	1.5%	(0.0%)	(0.0%)	(0.0%)
0.5%	0.5%	0.5%	0.5%	—	—	—
2.0%	2.0%	2.0%	2.0%	(0.0%)	(0.0%)	(0.0%)
0.4%	1.0%	0.7%	−0.2%	(0.6%)	(1.2%)	(0.9%)

単位：千円	年間						
	X0 年度 実績	X1 年度 実績	X2 年度 予測	X3 年度 予算	vs X0 年度 実績	vs X1 年度 実績	vs X2 年度 予測
売上	1,241,000	1,277,500	1,423,300	1,389,500	148,500	112,000	(33,800)
売上原価	868,700	894,250	996,310	972,650	(103,950)	(78,400)	23,660
売上総利益	372,300	383,250	426,990	416,850	44,550	33,600	(10,140)
変動費							
商品廃棄損	26,061	26,828	29,889	29,180	(3,119)	(2,352)	710
棚卸減耗損	4,344	4,471	4,982	4,863	(520)	(392)	118
支払ロイヤルティ	148,920	153,300	170,796	166,740	(17,820)	(13,440)	4,056
計	179,325	184,599	205,667	200,783	(21,458)	(16,184)	4,884
限界利益	192,976	198,651	221,323	216,067	23,092	17,416	(5,256)
店舗固定費							
人件費	87,600	87,600	99,264	101,578	(13,978)	(13,978)	(2,314)
賃借料	60,000	60,000	68,000	66,000	(6,000)	(6,000)	2,000
水道光熱費	15,000	12,000	15,000	16,500	(1,500)	(4,500)	(1,500)
計	162,600	159,600	182,264	184,078	(21,478)	(24,478)	(1,814)
貢献利益	30,376	39,051	39,059	31,990	1,614	(7,062)	(7,070)
本社費							
広告宣伝費	18,615	19,163	21,373	20,268	(1,653)	(1,105)	1,106
その他本社費	6,205	6,388	7,117	6,948	(743)	(560)	169
計	24,820	25,550	28,490	27,215	(2,395)	(1,665)	1,275
営業利益	5,556	13,501	10,570	4,775	(781)	(8,727)	(5,795)

単位：％	年間						
	X0 年度 実績	X1 年度 実績	X2 年度 予測	X3 年度 予算	vs X0 年度 実績	vs X1 年度 実績	vs X2 年度 予測
売上	100.0%	100.0%	100.0%	100.0%	—	—	—
売上原価	70.0%	70.0%	70.0%	70.0%	—	—	—
売上総利益	30.0%	30.0%	30.0%	30.0%	—	—	—
変動費							
商品廃棄損	2.1%	2.1%	2.1%	2.1%	—	—	—
棚卸減耗損	0.4%	0.4%	0.4%	0.4%	—	—	(0.0%)
支払ロイヤルティ	12.0%	12.0%	12.0%	12.0%	—	—	—
計	14.5%	14.5%	14.5%	14.5%	—	—	(0.0%)
限界利益	15.6%	15.6%	15.6%	15.6%	—	—	(0.0%)
店舗固定費							
人件費	7.1%	6.9%	7.0%	7.3%	(0.3%)	(0.5%)	(0.3%)
賃借料	4.8%	4.7%	4.8%	4.7%	0.1%	(0.1%)	0.0%
水道光熱費	1.2%	0.9%	1.1%	1.2%	0.0%	(0.2%)	(0.1%)
計	13.1%	12.5%	12.8%	13.2%	(0.1%)	(0.8%)	(0.4%)
貢献利益	2.4%	3.1%	2.7%	2.3%	(0.1%)	(0.8%)	(0.4%)
本社費							
広告宣伝費	1.5%	1.5%	1.5%	1.5%	0.0%	0.0%	0.0%
その他本社費	0.5%	0.5%	0.5%	0.5%	—	—	—
計	2.0%	2.0%	2.0%	2.0%	0.0%	0.0%	0.0%
営業利益	0.4%	1.1%	0.7%	0.3%	(0.1%)	(0.7%)	(0.4%)

とで，翌期予算の数字の確からしさを確認することができます。

そのうえで，**まだ情報が足りない場合には，前々期実績と翌期予算の差額**を参照しましょう。レアケースではありますが，当期予測や前期実績と比較してもいまだ翌期予算の数字の正しさに自信が持てないという場合があります。例えば，当期も前期もイレギュラーな出来事の発生により通常ではない水準のコストが発生しているなどのケースです。このような場合には，さらにさかのぼって前々期の数字を確認することが必要になるかもしれません。また，数字がよく変動する勘定科目などは，前々期も含めた4期分の数字を並べることで，その変動幅に違和感がないことが確認できて，その結果，翌期予算も正確であるという結論を得ることができる場合もあります。

図表3-22　予算チェック資料での比較のしかた

数字の種類	A	B	C	D
予算	前々期実績	前期実績	当期予測	翌期予算

① まずは，当期予測Cと翌期予算Dの差額に着目する。
② 必要に応じて，前期実績Bと翌期予算Dの差額を見てみる。
③ いまだ不足する場合にのみ，前々期実績Aと翌期予算Dの差額を参照する。

なお，ロジックチェックとストーリーチェックの関係性でいうと，Cとの比較はロジックチェックとストーリーチェックの両方の面から役に立ちます。また，A・Bとの比較はすべてロジックチェックの側面が強いと思います。

予算として作成する数字の量はあまりに膨大ですが，だからといって正確性をないがしろにすることはできません。そこで，これらをチェックする方法にも工夫が必要であり，十分な情報を含むツールをメリハリをつけて上手に活用することが大事です。

5　チェック後の対応はその後を左右する

これまで述べてきた方法で，ロジックチェックとストーリーチェックを終え

た後の対応を整理したいと思います。

例えば，ストーリーチェックの結果，コストが前年より大幅に増加しそうなので，各部門と話し合いをしたが，折り合いがつかないという場合もあると思います。このような場合，管理会計部門としてはどのような対処をしたらよいのでしょうか。2つ考えられます。

- 経営者と事前に話してもらうよう各部門長にお願いする
- 各部門が主張する前提を整理し，言語化する

(1) 経営者と事前に話してもらうよう各部門長にお願いする

経営者が期待している数値が各部門から出てこないということは，経営者が想定していない，把握していない背景があるということかもしれません。そうであれば，直接両者で話してもらうことで，共通の見解にたどりついてもらうことができます。

ここで，気を付けないといけないのが，管理会計部門が必要以上にこのコミュニケーションに立ち入りすぎないようにすることです。例えば，各部門長に「経営者に伝えておいてくれ」といわれても，代弁することはなるべく避けるほうが賢明です。なぜなら，筆者の経験から，このように各部門長が発言する場合は，自分が不利な状況に置かれているということを認識しているがゆえであることが多いためです。つまり，経営者に主張したところで，その主張が通らないということをわかっていて，「ダメ元」で予算の申請をしてきているのです。このような真意まで察したうえで，丁重にお断りし，経営者と直接話してもらうことを強くおすすめします。その代わり，管理会計部門が会議の設定を代行したり，経営者と部門長の会議に同席したりすることはまったくかまいません。**大事なことは，不用意にメッセンジャーにならないということです。**

(2) 各部門が主張する前提を整理し，言語化する

各部門が予算数値について主張する前提となる事項や根拠をまとめることが大事です。整理することで，もしかしたら，管理会計部門が知らなかった情報

が発見されるなど，考えていた前提と異なる点がみつかるかもしれません。前提が異なれば，予算の数値も変わってくるのが当然です。**最終的に予算を1つの数字にするためには，何が相違点なのか，何が論点なのかを整理し，頭出しする役割が求められます。**このようなファシリテーション（会議の論点を整理し，議論がスムーズに進むようリードする機能のこと）も，予算を意味あるものにするためには重要です。

●第3節のまとめ
- まず「数字が正しいか」を確認しましょう（ロジックチェック）。
- 次に「経営者がほしい数字か」を確認しましょう（ストーリーチェック）。
- 方針（どの数字を見るか）と視点（変動費 or 固定費，下から上／右から左）を明確に意識しましょう。

第4節　経営者の承認をもらう

　さて，予算の確認も終わりました。いよいよ経営者の最終承認をもらうことで予算が完成となります。ここまで述べた予算作成の流れに沿った場合には，大きくもめることはないはずです。**丁寧な確認のプロセスを進めたことで，主な論点はすでに調整済みですから。**

1　最終版は保管しよう

　経営者に見せるフォーマットは，概略版損益計算書と前提資料の2つでよいでしょう。これはトップダウン・アプローチで使用したものと同じです。これらの2点を経営者に渡す配布資料として，管理会計部門の担当者の手元には詳細版損益計算書などの細かい元資料を用意しておけば安心だと思います。

　承認が得られたら，それを最終版として保管しておくことも実は重要です。ここまで折衝を続けてきて，多くのバージョンの予算ファイルがあると思いますが，**どれが最終ファイルかわからなくなってしまうことも意外にある**からです。

2　各部門へ結果を共有しよう

　承認された数字とその内訳資料などを必要に応じて各部門に共有します。経営者の承認が得られると安心してしまい，そのまま各部門に結果を共有するのを忘れがちです。しかし，各部門の協力のおかげでできあがった予算です。何よりも，予算の本当のゴールはこれを達成することだと考えると，ようやくスタートラインに立っただけにすぎません。

　ここから予算達成に向けて各部門とともに走っていくためにも，確定した予

算について丁寧すぎるくらいに共有しておくのは意外に効果があります。例えば，メールで送付するのではなく，30分くらいあえて短くてもいいので，管理会計部門と各部門との会議の場を用意するのもいいかもしれません。また，出席者として，予算作成の窓口を務めた各部門の担当者だけではなく，**各部門の管理職全員にも出席してもらい，あらためてその部門の予算の前提について整理し共有の場とすることも，有効です。**この場を通じて，全社の予算との関連性や経営者がこの部門の予算に関してコメントした内容を共有しておけば，各部門の担当者としてもこれから1年間この予算を目標として業務を進めていくうえで，とてもやりやすくなります。

　管理会計部門は，このように経営者と各部門の間を予算というツールを使って結び付けるコミュニケーターとして機能することができるのです。数字を単に集計することと比べると，何段階も難しいタスクといえますが，その分，経営者や各部門の役に立つことで会社に貢献することが可能になります。**予算作成を単なる年中行事とせず，戦略的業務と位置づけられるかどうかは，管理会計部門の意識と動き方次第といえます。**

> ●第4節のまとめ
> ●会社として最終版をきちんと保管しましょう。
> ●各部門への結果共有まできちんとやり切りましょう。

第4章

月次決算分析のしかた

第1節　月次決算分析の概要
第2節　前期比較
第3節　予算実績比較

第1節　月次決算分析の概要

1　比較から始める月次決算分析

(1) 勘定科目での比較をしよう

　月次決算の最終目的は，現時点での進捗を把握したうえで，目標である予算を達成することです。ですから，月次決算には，明確に実態を把握するという役割が求められます。単に数字を締める「月ごとの決算」というだけでなく，その意味合いを理解する「月次決算分析」がセットで必須となってくるのです。そして，**経営者の報告においても，数字自体のみならず，意味合いに当たる数字の解釈までも提供することが求められます。**

　それでは，具体的にはどのような分析を行えばいいのでしょうか。
　実務においては，経営指標を使った分析や比較がよく行われる代表例ですが，ここでは，比較をおすすめします。理由は，誰から見てもわかりやすいからです。
　例えば，ROE（自己資本利益率）や流動比率などの経営指標がありますが，これらの意味をみなさんの会社の経営陣はパッとイメージできるでしょうか。**あくまでも月次分析は，実態把握のためのツールという位置づけなので，使い勝手がよくないといけません。**経営指標は，一般に計算式がわかりづらいという面に加えて，複数の要因が影響するという点でも説明が複雑になってしまう側面があります。したがって，ここでは，勘定科目というシンプルな単位での比較にまず取り組むことをおすすめしたいと思います。

図表4-1 経営指標分析よりも比較分析をすべき

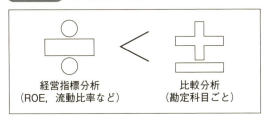

(2) 「比較を制する者は管理会計を制する」

比較がなぜ直感的にわかりやすいのか，第1章の冒頭で説明した「管理会計は天気予報」だという例を使って考えてみましょう。

天気予報では，最低気温と最高気温が数字で紹介されていますね。最高気温は28℃などという数字を見て，今日は暑くなるのかそれほどでもないのかを判断していると思います。でも，紹介されているのは，実数としての気温だけではありません。＋2℃などという前日との比較も必ず紹介されています。

なぜこのように必ず比較が実数とセットで表示されるかといえば，**実数というのは，大多数の人にとって，実は感覚的には理解しづらいもの**だからです。例えば，「最高気温が今日よりも明日は2℃高くなる」ということがわかれば，「明日は今日より暑くなるから，もう少し薄手のシャツを着よう」などと自分の行動を変えることができます。でも，「明日は最高気温が28℃になりそう」と言われても，それがどの程度なのかをぱっとイメージすることができる人は多くはありません。28℃という気温を意識しながら日常を過ごす人はほとんどいないからです。

このように，暑さがどの程度なのかを想像できないということは，何を着るかというアクションを考えられないという点で，情報としての価値が乏しいといえます。

比較という手法は，天気予報に限らず，財務の世界ではさらに頻繁に用いられます。例えば，増収増益，業界No.1，140％の成長率などの表現はマスメディ

図表 4-2 天気予報の中の「比較」

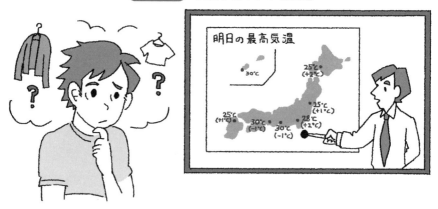

アを毎日賑わせています。これらの表現を見たり聞いたりすると，その業界や会社に関する知識がなくても，業績が順調ということを理解することができます。

このように，**比較は，現状をわかりやすく把握するための強力な手段なのです**。「比較を制する者は，管理会計を制する」といっても決して言い過ぎではないと，筆者は考えています。

2　月次決算分析に力を入れるべき3つの理由

会社が一般的に取り組む予算管理活動には，予算，予測（第5章で詳しく触れます），月次決算と3種類があります。その中で，最も力を入れるものを1つ選ぶとしたら，迷わず月次決算を選ぶべきだと考えます。それはなぜでしょうか。

第1に，月次決算の分析は，頻度が高いためです。予算の作成は年に1回なので，その機会が限られますが，月次決算の分析は年に12回あるので，知識の習得の機会と捉えた場合，豊富です。この機会を通じて，予算作成などに生か

せる業務知識を身につけることができます。

　そして，業務プロセスを改善した場合に，回数が多いため，その効果は絶大です。月次決算とその分析は，目安として10営業日までには遅くとも完了すべきと考えています。しかし，現実には，それ以上の日数を要している会社も多く，中には15営業日程度かかるケースに出会ったこともありました。これでは，予測作成などの他の管理会計業務，業務改善などに，月下旬の5営業日程度しか時間を充てることができません。当然，その程度の日数では，これらの業務を進めることは難しいため，あたふたととてもせわしない日々になってしまいます。したがって，スケジュールの適正化や管理会計業務の効率化のためにも，月次決算分析のやり方を見直すのは効果が大きいといえます。

　第2に，**上場会社では，制度会計にも十分役に立ちます。**四半期で決算数字を開示することに伴い，社内でも数字の確認を行います。四半期決算では，月次決算において十分な分析を行い，数字の背景が十分理解できていれば，3か月分の月次決算の情報を集めて内容をさらっと後追い確認することで，四半期決算の数字の確認とすることができます。

　筆者の経験上，この点は意外な盲点だと思います。というのは，**月次決算の作業結果と四半期決算の作業結果が連動していない会社は，実は意外に多いのです。**

　「月次決算をただ社内目的のルーティン作業として行い，四半期決算は外部開示用に内部統制の考え方に基づき整備した手続を行う」。字面のみで捉えると，まったく別の作業のような印象を受けます。しかし，目的の違いこそあれ，比較という手法を通じて数字を確認するという点で共通しています。働き方改革が進む時代において，**管理会計と制度会計という枠組みにとらわれることなく大きな視点に立ち，実務を組み直すことも必要だといえます。**

　第3に，月次決算に力を入れて取り組むことをおすすめする実務的な理由として，**他部門の協力をあらためて必要とする場面が比較的少ないこと**が挙げら

れます。

　前の章まででお話したとおり，予算の作成においては，元データの入手など各部門の協力は極めて重要です。これと比較すると，月次決算は主な検討対象のデータは実績数値という形ですでに手元にあるため，予算管理部門や経理部門といった経営財務分野の部門を中心に進めることができます。もちろん，不明点があれば各部門に確認しなくてはいけない事項もあります（どういう項目をどのように確認するのがよいかは，この後詳しく説明します）が，**予算作成の段階で各部門から必要な情報を入手できていれば，実はそれほど質問する場面というのは多くありません。**

　ただ，実務においては，これができていないケースが圧倒的に多い印象があります。そのために，月次決算の段階であらためて口頭で確認したり，資料を入手したりという手数がかかっている実態が多く見受けられます。

　もし，月次決算分析の業務がせわしなく行われる，数字の正しさがなかなかはっきりしないということであれば，そのことに真正面から向き合う必要があります。例えば，月次決算の振り返り会議をやってみるのもいいかもしれません。月次決算からの学びを次回以降に生かすために，毎月月次決算を振り返って，課題を整理し，いつどのように対応するのかを議論する会議を開催するのも効果的です。

　このように，**年間の予算管理活動全体に関する改善機会を見つけるための核となる活動として，月次決算および分析のプロセスを位置づけることもできます。**

図表4-3 月次決算に取り組むべき理由

① 頻度が高く，知識習得や業務改善の効果が大きい
② 制度会計にも活用できる
③ 他部門の協力必要度合が低めで，取り組みやすい

3 比較の原則

(1) 比較対象は前期と予算

月次分析においては，主に2種類の数字と比較することが一般的です。**ただし，実務で比較を行っていると「作業」になってしまい，それぞれの比較の目的を見失いがちなので，これを常に意識できるようにしておきましょう。**

図表4-4 比較の概要

比較対象	把握したい内容	重要度
前期実績	今年のトレンド	中
予算	当初の目標に対する達成度	高

前期実績との比較でわかるのは，今年のトレンドです。つまり，前年をベースにして何が違うのか，例えば売上は増加傾向なのか減少傾向なのか，といった情報がわかります。

また，予算と比較することでは，当初の目標に対する達成度がわかります。目標に対して上回っているのか，下回っているのか，という情報です。

(2) 「主体的」な比較を目指す

ところで，月次分析において比較を行いましょうという話をすると，ほとんどの会社で「すでにやっています」という回答をいただきます。この回答自体はとても喜ばしいのですが，実際にどのような内容で実施しているのかをお聞きすると，まだ改善の余地は大きいと感じることが多いのも事実です。

例えば，比較形式の帳票を会計システムから出力して経営者に提出しているだけであったり，その帳票の差異について質問されたときに初めて内容を確認したり，というケースも中にはあります。目指していただきたい比較の姿はこれではありません。**比較差異の数字それ自体というより，その背景で何が起き**

ているのかが重要ですので，**背景に関するコメントこそが大事です。**また，日頃からビジネスを考え続けている経営者にとって，数字に裏付けられた有益な情報はとても価値が高いものですので，これを事前に準備して提出する姿が理想的です。

　また，比較の結果を示す差異について，徹底的に調べる姿勢も重要です。実務では，あまりに数多く差異が発生するのでキリがないと感じ，わかる差異だけにコメントしているケースもよく見ます。実務経験者として気持ちは痛いほどわかりますが，残念ながら会社や経営者にとってはそれでは意味がありません。むしろ，**すぐわかる差異というのは，すでに原因に心当たりがあることが多いので，情報としての価値はそれほど高くありません。**それよりも，調べてみて実は○○だったことが初めてわかった，ということに情報の価値はあるのです。したがって，調べやすい差異だけではなく，気になる差異はすべて調べきる姿勢は重要です。

図表4-5　比較のよい例・ダメな例

ダメな比較	良い比較
●資料には数字だけ	●コメントが充実している
●質問されてから調べる	●事前に調べる
●わかる差異だけコメント	●わからない差異にこだわりを持つ

(3) 比較が成立するための2つの条件

① 細分化可能で，粒度が同じ

　ここで，比較が成立する条件を考えてみましょう。例えば，交通費の勘定科目で前期との差異が発生していたとします。みなさんは，この後どのように調べますか。

　おそらくどの部門で発生しているかを確認するか，補助科目が内容別に設定されているようであれば，どの補助科目で発生しているかを確認すると思います。つまり，より細かい単位に分割して差異の所在を調べるという方法をとる

のが一般的ですね。

このことからいえるのは，比較が成り立つためには，比較対象の数字において，
- 細分化が可能
- 細分化された粒度が同じ

という2つの条件が成り立つ必要があるということです。

前述の例に当てはめて考えると，部門や補助科目といった粒度で，前期および当期の数字を細分化することができれば，比較が成立し，なぜ相違が発生しているのかをつかむことができます。

② 各部門の関係者を上手に巻き込む

比較が成立する条件が理論的に整理できたところで，これを実務に当てはめて考えてみたいと思います。

実務では，会計システムに実績コストのデータを入力する際に，補助科目や部門の情報を入れることが一般的です。これらは，「What」と「Who」に当たるといえます。**この「What」と「Who」を把握するのがコストの全体像を知るための第一歩です。**これらを把握するのには，会計システム内のありものの情報を活用するのが最も効率的です。ですから，数字の背景に存在する事象や取引を把握するためには，**残る「Why」を確認すればいい**ということになります。

実際の実務の進め方も簡単です。誰と何の話をすればいいのかということまで，すでに特定できているのです。その担当部門の担当者のところにいって，「○○の話ですが，なぜ増えて（減って）いるのか教えてください」と聞いてしまえば明確になります。

実務においては，時間効率も極めて重要です。各部門への質問については，自分たちで会計システムを使って調べるのに比べて，回答を得られるまでに時間がかかることが多いでしょう。したがって，**自分たちで調べられるものは何かを理解したうえで，聞かなくてはわからないことのみ質問する**という対応は理にかなっているといえます。

また，**各部門担当者に月次決算の日程を共有し**，明確に「X日のY時からZ時は連絡が取りやすい状態にしていただけると助かります」という依頼をしておくと，**スムーズに事が運びます。**

(4) 累計期間は単月の積み上げでしかない

月次分析の際に比較対象とする期間は，単月と累計期間の2種とすることが一般的です。例えば，3月決算の会社で9月月次決算の分析であれば，9月単月と，4月から9月までの6か月の累計期間が対象になります。

単月の分析は，今回初めて明らかになる「最新結果」なので重要です。また，累計期間というのも，ここまでの「総合結果」なので，関心が持たれることも理解できます。ただ，累計期間についてどの程度関心が持たれるかは，実は会社や経営者次第であることも多いものです。したがって，経営者への共有の観点では，累計期間の取扱いは確認してから調整するのがいいかもしれません。

管理会計部門にとっての実務的な観点からも，同様に単月重視で進めるのが効率的といえます。なぜなら，累計期間の分析結果というのは，単月の分析結果と前月までの累計期間の分析結果を加えたものだからです。具体的には，前月まで，各月の分析を行った結果を取りまとめておけば，それに当月分を足すことで容易に当月までの累計期間の分析結果になります。つまり，**当月単月と当月累計と2つの分析を改めて行う必要はまったくありません。**

4 フォーマットを工夫する

(1) フォーマットの例

実務において，前述した比較を効率的に行うにはどうしたらいいでしょうか。1つはフォーマットを工夫することが重要です。

例えば，縦軸に通常使用する損益計算書の勘定科目を，横軸に比較したい項目を並べた形式で作成することです。並びとしては，作成された時系列順に，

第4章 月次決算分析のしかた 99

図表 4 - 6　月次分析資料

単位：千円	9月						
	X1年度 実績	X2年度 予算	X2年度 予測	X2年度 実績	vs X1年度 実績	vs X2年度 予算	vs X2年度 予測
売上	102,000	105,000	123,000	105,000	3,000	—	(18,000)
売上原価	71,400	73,500	86,100	73,500	(2,100)	—	12,600
売上総利益	30,600	31,500	36,900	31,500	900	—	(5,400)
変動費							
商品廃棄損	2,142	2,205	2,583	2,205	(63)	—	378
棚卸減耗損	357	368	431	368	(11)	—	63
支払ロイヤルティ	12,240	12,600	14,760	12,600	(360)	—	2,160
計	14,739	15,173	17,774	15,173	(434)	—	2,601
限界利益	15,861	16,328	19,127	16,328	467	—	(2,799)
店舗固定費							
人件費	7,200	7,200	8,640	7,200	—	—	1,440
賃借料	5,000	5,000	6,000	5,000	—	—	1,000
水道光熱費	1,250	1,000	1,250	1,250	—	(250)	—
計	13,450	13,200	15,890	13,450	—	(250)	2,440
貢献利益	2,411	3,128	3,237	2,878	467	(250)	(359)
本社費							
広告宣伝費	1,530	1,575	1,845	700	830	875	1,145
その他本社費	510	525	615	525	(15)	—	90
計	2,040	2,100	2,460	1,225	815	875	1,235
営業利益	371	1,028	777	1,653	1,282	625	876

単位：％	9月						
	X1年度 実績	X2年度 予算	X2年度 予測	X2年度 実績	vs X1年度 実績	vs X2年度 予算	vs X2年度 予測
売上	100.0%	100.0%	100.0%	100.0%	—	—	—
売上原価	70.0%	70.0%	70.0%	70.0%	—	—	—
売上総利益	30.0%	30.0%	30.0%	30.0%	—	—	—
変動費							
商品廃棄損	2.1%	2.1%	2.1%	2.1%	—	—	—
棚卸減耗損	0.4%	0.4%	0.4%	0.4%	—	—	—
支払ロイヤルティ	12.0%	12.0%	12.0%	12.0%	—	—	—
計	14.5%	14.5%	14.5%	14.5%	—	—	—
限界利益	15.6%	15.6%	15.6%	15.6%	—	—	—
店舗固定費							
人件費	7.1%	6.9%	7.0%	6.9%	0.2%	—	0.2%
賃借料	4.9%	4.8%	4.9%	4.8%	0.1%	—	0.1%
水道光熱費	1.2%	1.0%	1.0%	1.2%	0.0%	(0.2%)	(0.2%)
計	13.2%	12.6%	12.9%	12.8%	0.4%	(0.2%)	0.1%
貢献利益	2.4%	3.0%	2.6%	2.7%	0.4%	(0.2%)	0.1%
本社費							
広告宣伝費	1.5%	1.5%	1.5%	0.7%	0.8%	0.8%	0.8%
その他本社費	0.5%	0.5%	0.5%	0.5%	—	—	—
計	2.0%	2.0%	2.0%	1.2%	0.8%	0.8%	0.8%
営業利益	0.4%	1.0%	0.6%	1.6%	1.2%	0.6%	0.9%

前年実績，当年予算，当年予測（詳細は次の章で扱います），当年実績を並べるのがわかりやすいでしょう。また，累計期間の分析用に，単月だけではなく，財務上の分析でよく利用される四半期，半期，年度の合計もそれぞれの項目について作成しておくと便利だと思います。

(2) 月次分析の報告は経営者目線で準備する

図表4-7は，月次分析結果を経営者に報告するためのフォーマットです。月次決算結果が取締役会の報告事項になっている会社も多いと思いますので，このような標準フォーマットを作成して，それを継続運用するとよいでしょう。**見方の説明の時間が省略できると同時に，経営者が見方に慣れることができるため，毎月の業績を理解しやすくなる**と思います。

ここまで何度か触れてきたとおり，**数字以上に，背景で何が起きているのかという情報にこそ価値があるのです。**そこで，差異要因の記述コメントは，できるだけ充実させましょう。そのためにも，チェック資料を活用してしっかり調査しておく必要があります。

図表4-7　経営者用月次分析サマリ

8月 PL 比較	PL			vs 前年		vs 予算	
	前年	予算	今年	+/(−)	要因	+/(−)	要因
	金額 %	金額 %	金額 %	金額 %		金額 %	
売上					ビジネスの状況に関する記述		ビジネスの状況に関する記述
売上原価							
売上総利益							
販売管理費							
営業利益							
経常利益							
税引前当期純利益							
当期純利益							

●第1節のまとめ
- 月次分析は，勘定科目ごとの「比較」から始めましょう。
- 数字よりも，コメントを大切にしましょう。

第2節　前期比較

　前期比較の目的は，前年と違う今年のトレンドを把握することであるという話はすでにしました。昨年をベースにしたときに，どれだけのどのような変化が生じているのかを明らかにすることが大事です。

1　「ありもの」の仕組みを活用する

(1)　補助科目と部門コードを活かす

　前期との比較では，前期・当期どちらも実績数値として会計システム内に数字が保管されているという特性を活用するのが実務上のポイントです。具体的には，補助科目または部門コードに注目します。

　ここで，管理会計に非常に活用できる補助科目の設定についてお話しておきます。**補助科目の設定は，基本的には関連している各部門の意向に沿うのが最もよい**と思います。なぜなら，補助科目は，原則として勘定科目より細かい内容を示すものであれば問題ないためです。注意しなくてはいけないのは，経理上の制約条件を考慮することです。例えば，事業税の外形標準の計算をするために補助科目を設定していたり，補助科目の単位で開示科目が異なっていたりという場合に変更すると影響が大きいため，経理部などと丁寧に協議する必要があります。しかしながら，ほとんどの勘定科目はこのような考慮は不要だと思います。

　もし補助科目がないと，内容別に比較したい場合，大変な手数がかかります。総勘定元帳から仕訳データをダウンロードして，概算計上などの相殺部分と赤黒を特定して消し込んで，摘要欄をもとに金額を集計して……と考えるだけでうんざりする量の手数が発生します。したがって，このような作業を差異が発

生するたびに行わなくて済むようにするために，補助科目の設定を工夫するとよいでしょう。

補助科目の設定を工夫する観点としては，「質」と「量」の2つです。
「質」＝費用を使用している部門の意向に沿った分類にすること
「量」＝「その他」の補助科目に分類される金額が大きくならないこと
この2点を意識して，補助科目の設定を見直すことをおすすめします。

(2) 出来事カレンダーをつくっておく

また，実務上の工夫として便利なのは，起こったことをカレンダーに記録しておくことです。例えば，工場の新設など多額のコストが発生するような出来事があった場合，その時期，内容，会計上の影響を記録しておくのです。このような事象が起きた当該年度（年月）はいいのですが，**翌年になるとみな記憶があいまいになってきます。**

また，担当者の異動で前年度の会計数字に影響を与えた事象を担当した人はいなくなるかもしれません。すると，前期比較を行うときに，前年コストが大きい理由は何だったのかを**1から調べ直すことになってしまい，時間の無駄です。**

そこで，当期の数値に影響を与えている事象についてはその概要をあらかじめ記録しておくのです。特に，カレンダー形式で記録しておくと，月次決算の際に参照すべき情報が特定されるので，便利だと思います。

2 差異の性質ごとに調べ方を変える

具体的な差異の調べ方をケース別に見てみましょう。

図表 4-8　前期比較　差異の調べ方

勘定科目の性質	勘定科目例	着目すべきデータ	調べ方
特定部門から集中的に発生	広告宣伝費	補助科目内訳（前期・当期）	比較して相違が大きい補助科目を探す
複数の部門から発生	交通費，人件費	部門別PL（前期・当期）	比較して相違が大きい部門を探す

　勘定科目の性質によって，基本とすべきアプローチは異なります。特定の部門から集中的に金額が発生する勘定科目については，補助科目を活用しましょう。補助科目別の金額を確認することで，どの補助科目が差異の原因となっているのかを特定するのです。

　毎回問題になる勘定科目がある場合には，参照する回数が多いので，図表4-9のようなフォーマットを作成しておくのもいいかもしれません。

図表 4-9　補助科目別月別実績推移フォーマット

X2年度実績　　　　　　　　　　　　　　　　　　　　　　　　　　　　　単位：千円

勘定	勘定科目	補助科目	補助科目	4月	5月	6月	7月	8月	9月	10月	11月	12月	1月	2月	3月	年間計
520000	広告宣伝費	1000	TV	30,000	10,000	30,000	10,000	30,000	10,000	30,000	10,000	30,000	0	0	0	190,000
520000	広告宣伝費	2000	交通広告	0	0	40,000	0	0	30,000	0	0	40,000	0	0	0	110,000
520000	広告宣伝費	4000	PR	200,000	0	0	0	0	0	0	0	0	0	0	0	200,000
				230,000	10,000	70,000	10,000	30,000	40,000	30,000	10,000	70,000	0	0	0	500,000

　また，複数の部門から金額が発生する勘定科目については，部門コードを参照しましょう。もし部門別損益計算書を作成しているようであれば，それを見れば効率的かもしれません。

●第2節のまとめ
- 前期比較差異を調べるために，「補助科目」と「部門コード」を活用しましょう。

第3節　予算実績比較

次に予算実績比較をみてみましょう。

1　「ありもの」の仕組みを活用する

前期比較と同様に，補助科目を活用することをまず考えるとよいでしょう。そのためには，**予算も補助科目単位で作成すること**が必要です。実は，実務において予算実績差異がなかなか解明されないというよくある問題は，これができていないため起きていることが大半です。筆者の知る限り，予算を補助科目の積み上げで作成している会社は多くはありません。大半の会社は，各部門に予算の内訳の構成を委ねているため，補助科目とは整合しません。

比較の2条件で説明しましたが，比較対象について2つの細分化された粒度が揃っていなければ，いくら頑張っても比較できないのは当然です。したがって，粒度を揃えるために，ありものの仕組みである補助科目を活用するのが最も効率的です。もしくは，補助科目以外の方法でもかまわないので，**予算と実績の数字の内訳項目が揃っている状態が予算実績差異を解明するには必要**です。

特に，ビジネスにおいては，コストというのはすべての活動が集約された情報であるといえます。したがって，それを「見える化」することは，ビジネス活動を管理する視点からも重要です。

2　差異の性質ごとに調べ方を変える

具体的な差異の調べ方も，前期比較と共通する部分は多いのです。ここでも勘定科目の特性に応じてアプローチが異なります。

予算が補助科目単位で作成されていることが前提になりますが，特定部門か

ら集中的に金額が発生する勘定科目については，補助科目別の内訳を見れば差異の原因となる内容がわかります。

また，複数の部門から発生する勘定科目の場合には，予算の段階で部門別損益計算書を作成しているかどうかによってアプローチが異なります。作成している場合には，予算の部門別損益計算書と実績の部門別損益計算書を比較すれば，差異の原因はわかります。しかし，実際には，予算段階では部門別損益計算書を作成しないケースが大半だと思います。この場合には，実績の部門別損益計算書のみを参照すれば，多くの場合，事足りるのではないかと思います。具体的には，複数部門の部門別損益計算書を参照して，金額が多く発生している部門の目星をつけましょう。なお，実績の部門別損益計算書を作成していない場合には，会計システムから当該勘定科目の部門別残高データを出力することで代用できます。

図表 4 -10　予算実績差異の調べ方

勘定科目の性質	勘定科目例	着目すべきデータ	調べ方
特定部門から集中的に発生	広告宣伝費	補助科目内訳（予算・実績）	比較して相違が大きい補助科目を探す
複数の部門から発生	交通費，人件費	部門別PL予算のある場合 部門別PL（予算・実績）	比較して相違が大きい部門を探す
		部門別PL予算のない場合 部門別PL（実績）	他部門と比較して相違が大きい部門を探す ∵予算は部門均等という前提

3　予算実績比較には限界がある

予算と実績の比較についてこれまで見てきましたが，予算実績比較にはいくつかの限界があります。

1つは**予算の鮮度の問題**です。予算は通常年度が始まる頃に完成するため，年度の後半になると作成時点から1年以上が経過してしまいます。ゆえに，予

算作成時点とは前提が異なるために，細部を比較してもビジネス上あまり意味のある情報が得られないということもありえます。

さらに，**年度の着地見込みの問題**があります。期の途中で，確定した実績の数値に，年度後半の予算を足し合わせて年度見込みとしている会社をみかけることがあります。この方法には致命的な問題点があります。例えば，費用の期ずれ（予算で発生を見込んでいた月と異なる月に計上されること）が発生した場合，費用の二重計上や計上漏れが発生してしまいます。

このように，予算だけでは，年度の着地見込みがどうなるのかが正確にはわからないのです。

これらの問題を解消してくれるのが，予測です。第5章で詳しくみていきましょう。

> ●**第3節のまとめ**
> ●勘定科目別に，予算実績差異の調べ方を理解しましょう。

第5章

四半期予測のしかた

第1節　予測の位置づけ
第2節　予測作成の進め方
第3節　予測実績比較の意味
第4節　予測実績差異の意味
第5節　月次決算分析での予測実績比較

第1節　予測の位置づけ

　あなたの会社では予測を作成していますか。作成している場合には，それは何を目的としているのでしょうか。管理会計の担当者としては，自分が関わっている業務ですから，この質問に答えられるべきです。しかし，実際に十分に答えられる方はそう多くはありません。なぜなら，実務の中では予測は漠然としていて，位置づけが難しいものだからです。この点をまずは理解したうえで，よくある質問に答える形で考えていきましょう。

1　予測は「大学入試の模擬試験」と同じ

　予測とは，一言でいえば「こうなるだろう」という見込みのことです。予算は「こうなりたい」という目標という位置づけでした。当然ですが，「こうなりたい」と「こうなるだろう」は一致するとは限りません。その2つが一致するのか，近いところまで来ているのか，とても離れているのかを把握することが，**目標（「こうなりたい」）を達成するための重要なステップ**だといえます。とすれば，**その第一歩は，見込み（「こうなるだろう」）を明らかにすることから始まります。** つまり，**予測を作成することが必要**となるのです。

　イメージとして，大学入試のための模擬試験の結果に表示される合格可能性判定が予測に近いと思います。現時点の学力という情報を参考に，受験当日の学力を予想します。その結果，合格可能性判定が20％以下という見込みであれば，このままでは目標とする大学に合格できないので，さらに猛勉強に励むことになります。

　別の例として，カーナビゲーションシステムの到着予想時刻も予測といえます。カーナビが示している予定到着時刻は，まさしく目的地への到着見込みです。もしこの予定到着時刻が，自分が到着を期待する時刻（ある意味目標です

図表5-1 予測のイメージその1：大学入試の模擬試験

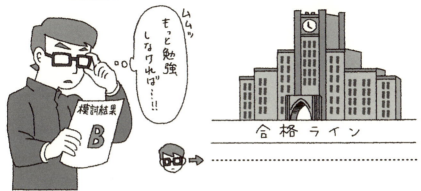

図表5-2 予測のイメージその2：カーナビゲーションシステム

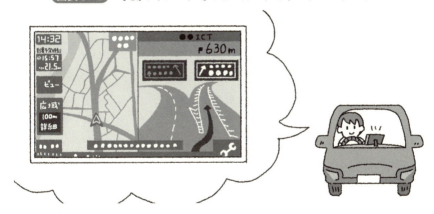

ね）よりも遅いようであれば，一般道から高速に切り替えるなど行動を変えると思います。

どちらの身近な例も，見込みを明らかにし，目標と見込みの相違を把握し，行動を変えるという流れは同じです。この流れをたどることで，目標への達成を目指すのです。

より具体的に，予算管理の観点で予測とは何かを整理しましょう。「四半期ごとの時点で手に入れられる最新情報をもとにすると，年度末の業績はこのよ

うな売上や利益になる」というのが四半期予測です。年度初めに立てた目標＝予算に対して，現時点の見込みがどうなっているのかを明らかにするのが四半期予測です。これを作成することではじめて，年度予算と四半期予測の間にはどのくらい差があるのかを計算することができます。その結果，予算を達成できるように行動を修正します。

2　予測は予算達成の確実性を上げるツール

(1) 予測を行う目的

予測は本当に必要なのでしょうか。

前述したとおり，予測を作成するのにも手数がかかります。それでも作成が必要な理由は，「目標の達成を確実にすること」が挙げられます。

大学入試の例でいえば，なぜ模擬試験を受けるのでしょうか。それは，現時点での見込みを知ることで，自分の受験勉強の進め方が正しいのか，このままの調子で続ければいいのかどうかを明らかにするためだと思います。自分は絶対合格できるという自信がある人は別だと思いますが，多くの人は客観的な判断材料ほしさに模試を受けます。

予算管理についていえば，目標は予算ということになります。多くの会社では，予算は何としても達成したい性質のものです。とすると，**作成した予測をもとに，進捗を管理しながら，必要に応じて行動計画を変更する必要があります。**

(2) 現実的な着地見込み

このような例からもわかるように，予算と予測は言葉こそ似ていますが，位置づけは大きく異なります。予算は「夢を含む意思」であるのに対して，予測は「現実的な見込み」です。

予算の章で，トップダウン・アプローチとボトムアップ・アプローチを併用

することで，各部門と経営者がともに納得できる予算を作成することが重要だという話をしました。とはいえ，経営者の意向を多少なりとも含むのが予算の現状だと思います。その状況を正当化する理由としてよくいわれるのが，「1年以上先のことなのでどうなるかわからない」という言葉です。予算作成時点（特に予算の基礎情報を各部内から収集した時点）から予算作成の対象年度末までは1年以上時間がありますので，一理あるのかもしれません。

図表5-3　予算と予測の関係

しかしながら，**年度が始まり時間が経過するにつれて不確定要素は減り，現実がより明確に見えてきます。**より正確に表現するならば，すでに経過した月については実績という形で業績が確定し，これから訪れる残りの月についても入手できる情報の精度が上がるため現実的な年度の着地見込みが見えてくるのです。ここに予測を作成する意味があります。情報の精度が上がり同時に量も増加しています。その最新情報をもとに作成される予測は，残念ながら予算とは異なる結果になることが多いものです。

なお，逆にいえば，予算の達成が必須ではない場合には，予測の作成も必須ではありません。どうなるのかの見込みをわざわざ手数と時間をかけ作成しなくても，成り行き任せに進めることはできますから。

3 予測を使って予算との距離を計る

それでは，予算と実績の間に位置づけられる予測をどう使ったらよいでしょうか。予測を使って一体何をしたらいいのでしょうか。

下記の**図表5-4**のとおり，予測は，時間軸と数字の性質の2つの面から，予算と実績の間に位置します。そこで，予算と実績それぞれに対して，予測の活用方法が存在します。

- 予算に対して，このままで達成できるのかを確認する（予測作成段階）
- 実績に対して，予定どおりの成果が出ているのかを確認する（月次分析段階）

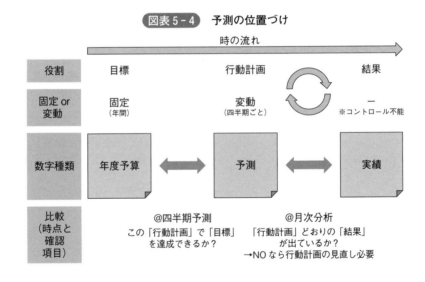

図表5-4　予測の位置づけ

(1) 予算との比較で次の行動を考える

予測をつくった段階で，目標である予算を達成することができるのかを確認することが最も重要です。なぜなら，目標を達成できそうにない場合には行動

を変える必要があるためです。行動を変えるのが早ければ早いほど，その効果は大きくなります。したがって，少しでも状況を早く把握するためには，実績が確定する段階まで待つのではなく，予測作成が完了したらすぐに確認することが必要です。

大学入試の模擬試験の例でいえば，合格可能性判定を含む結果が手元に届いたら，すぐに見てこれからの勉強計画に活用するでしょう。また，カーナビの例でいえば，到着予想時刻が自分の希望には間に合わないことがわかったら，そのまま同じようにドライブし続ける人はいないと思います。高速道路に乗るなど何らかの対応をとることでしょう。

つまり，**見込み自体を知ること以上に大事なのは，目標との差分を把握しアクションに落とし込むこと**なのです。管理会計の予測に置き換えて考えると，予測作成自体よりも，作成後の予算との比較，そして行動計画への反映こそが重要です。なぜなら，**予測は予算を達成するための「ツール」だからです。**

(2) 実績との比較で行動計画をチェックする

それでは，実績が確定したときに，予測に関連して何を実施したらいいのでしょうか。実績が確定したらすぐに，行動計画どおりの結果が出ているのかを念のため確認するという程度でいいと思います。先ほど説明したとおり，予算との比較や行動計画の変更のほうがはるかに重要です。

とはいえ，行動計画はあくまでも「計画」なので，実際には何らかの理由で実行できていないかもしれません。その場合には，予測と実績の相違という形でそのことが明らかになります。**その兆候をもとに，何が起きているのかを把握しましょう。**そうしないと，**翌月以降の予測自体がすでに正しくない可能性があるのを放置することになってしまいます。**つまり，予算の達成が難しくなってしまうのです。

4 予測と修正予算はまったくの別モノ

(1) 修正予算はあくまで予算

予測に関連してよく受ける質問として、「予測は修正予算のことか？」というのがあります。結論から申し上げると、予測と修正予算は別ものです。

予測は、前述したとおり「見込み」のことでした。一方、修正予算とは、年度の途中で何らかの事情のために、年初に立てた予算を修正・更新したものをいいます。つまり、年初に立てた予算（以下、年初予算と呼びます）の仲間です。予算は「目標」という位置づけですので、修正予算も「目標」に当たります。つまり、「改訂された目標」が修正予算なのです。

大学入試の合格可能性判定でまた考えてみましょう。偏差値の高いA大学を目指していたが、親の意見もあって偏差値が少し低いB大学を目指すことになったとします。A大学は当初の目標なので、年初予算に相当します。一方で、B大学は改訂された目標なので修正予算に当たります。大学に受かるかどうかを大きく左右するのは、受験時点での自分の学力の到達見込みです。学力の到達見込みは、B大学の合格水準とはまったく別の話です。偏差値の面で目標を少し下げたといって、B大学に合格できるかどうかは別問題です。このように改訂目標と見込みは別モノなのです。

(2) 予算と予測の違いを明らかにする

修正予算と予測が混同されがちなのは、年度の途中で作成されるという共通点があるからだと思います。修正予算と予測は、作成タイミングが同じだけであって、その性質は大きく異なるという点に留意が必要です。まとめると、修正予算は「予算」の仲間であり、「目標」の性質を持つということ、そして、予測は「見込み」であるということです。

図表5-5　修正予算と予測の比較

種類	意味合い	作成時点
（年初）予算	目標	年初
修正予算	目標	年度中
予測	行動計画	年度中

　混同されがちなもう1つの理由として，修正予算に限らず予算という言葉と予測という言葉の定義が社内で明確になされていないことが挙げられます。このような会社は実はとても多いです。

　そこで，自社で予算や予測という言葉がどのような意味合いで使われているのか，何を目的としているのかを整理することを強くおすすめします。**行き違いが減り，今後のコミュニケーションがスムーズになります。**

図表5-6　予算と予測の定義例

	予算	予測
意味	年度で達成したい目標	年度業績の着地見込み
作成タイミング	前年度第4四半期	四半期ごと第1月中旬
目的	社内の統一目標の提示，業績予想として外部公表	予算達成のための進捗管理，業績予想の修正要否の検討材料

5　予測の作成は四半期ごとに

(1) 予測にとって大事なこと

　予測は日々刻々と変化していきます。例えば，今日作成する予測と明日作成する予測とでは数字が変わってきます。なぜかといえば，予測作成の材料となる情報は今日よりも明日のほうが多く入手できること，そしてその情報としての確からしさは，基本的に時間経過とともに上がっていく傾向にあるためです。

つまり、予測は、量と質の両面において、時が経過するほど、よりよくなっていくのです。

とすると、予測の作成は今日よりも明日行ったほうが、もっといえば今週よりも来週行ったほうが、より精度の高いものができるとも考えられます。理屈ではそのとおりです。しかし、実務においては時間をかけることは意味がありません。なぜなら、**予測はその数字の精度以上に、スピードにこそ本当の価値があるからです。**作成すること以上に、活用することに意味があるとも言い換えられます。

予測した結果をみて、どういう行動をとるのかを考え、そして実行する。この過程を通じて、目標である予算の達成に近づくことが可能になるのです。そのためには、**行動の内容を考える時間や、実際に行動する時間が必要になるので、そのための時間を確保することが重要です。**したがって、多少精度を犠牲にしたとしても、予測をある一定の時点で作成することが必要になります。

図表5-7　予測にとって大事なこと

```
精　度　＜　スピード
作　成　＜　活　用
```

(2) 四半期ごとが合理的な理由

① 行動する時間

このことを踏まえて、予測を作成する頻度はどうすべきでしょうか。

予測は作成して終わりではありません。行動計画の変更が必要な場合、変更後の行動計画の内容の検討や、その計画を実行する時間が必要です。これには、実行部隊である各部門を巻き込む必要があり、予測作成以上に時間がかかります。そもそも予測を作成するのは、早期に行動を調整して目指す業績を達成することが目的です。したがって、肝心な行動のための時間、つまり**予測作成「後」の時間を確保することが、実は予測活用のカギとなる**のです。

このように考えると、月次での予測作成では予測作成後の時間が十分に取れない可能性が高いといえます。例えば、毎月10日から20日までの10日程度をかけて予測を作成している会社があったとしましょう。この場合、行動計画の検討や実行に時間を割けるのは、毎月、20日から翌月10日までの20日間になってしまいます。四半期単位で合計すると、60日間程度です。一方で、四半期ごとに予測を作成した場合、もし同じく10日程度で予測の作成が可能と仮定したら、検討や実行のための時間は四半期単位で80日間程度確保することができます。**月次での予測作成と比較した場合、20日、つまり1.3倍も多く時間を確保できるのは大きいといえます。**

図表5-8 行動する時間の違い

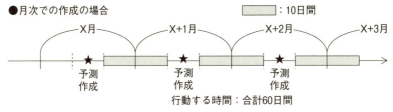

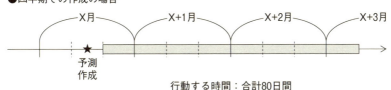

② 伝達にかかる時間

さらに重要な理由がもう1つあります。それは、四半期のほうが行動計画変更に関する伝達の徹底が図れる点です。

行動計画を変更する場合、おそらく各部門の担当者にまでその内容を伝達する必要があります。通常、会社では部門内ミーティングを週次などで開催することが多いと思いますが、行動計画を変更した場合も、その会議体を通じて伝達されることが一般的です。

図表5-9 伝達にかかる時間

　各部門の本部長から部長クラスへ，部長クラスから課長クラスへ，課長クラスから担当者へ，と伝達されると仮定します。3段階の定例ミーティングを経てはじめて情報が担当者まで共有されるわけです。**定例ミーティングは週次で行われることが一般的なので，開催タイミングによっては，担当者まで伝達されるのに15日から20日程度は時間がかかることもある**と思います。20日が経過してしまうと，月次で予測を作成している場合には，すでに管理会計部門は次の月の予測に取り組む頃です。このように情報伝達には時間がかかることを考慮しても，四半期ごとの予測作成が実態に合っているといえます。

(3) 頻度をもっと高くするには

　一方，例外的だとは思いますが，自社のビジネスのサイクルが早い場合などでは，どうしても月次で動向を検討する必要がある場合もあります。その場合には，予測作成にかかる期間を短縮できるよう改善する必要があります。具体的には，検討する勘定科目を限定する，もととする情報を入手しやすいものに限定する，などが考えられます。

　参考までに極端なケースを紹介しておきます。毎週予測を作成するというケースがありますが，これはあまり得策ではないと感じています。なぜなら，週の前半に作成した予測をもとに週の半ばに各部門に指示が出され，また翌週の半ばには更新された予測をもとにした新しい指示が出てくる。大きな会社であればあるほど，先ほど話したとおり，組織全体まで指示が伝達されるのに時

間がかかるのが常ですから，古い指示がようやくすみずみまで届いた矢先に，新しい指示が届くということがありうるのです。**行動をナビゲートするはずの予測が，社内に混乱をもたらしては逆効果になる可能性すらありますので，この点は慎重に考える必要があります。**

　もしあなたが管理会計担当者として，自分の会社の予測の頻度は，行動に要する時間軸と合っていないと感じる場合には，前例を見直す必要があるのかもしれません。余談ですが，以前からこのやり方・頻度でやっていたという「前例」を理由に，予算管理をはじめとする管理会計業務が運用されているケースは多いです。しかしながら，見回してみると，以前と現在では前提がまったく異なっていて，前例を踏襲する必要がなくなっていたというケースも多々見られます。したがって，現状のやり方が最適なのかを一考してみる価値はあると思います。

　まとめると，会社の規模や特性に応じて，どのくらいの頻度で行動に関する指示を出すことが可能で，効果があるのか，という視点で予測作成の頻度を決定するのが適切といえます。一般論としては，業種を問わず，四半期ごとに作成するとよいでしょう。月次での予測は，予測にかかる工数に対応できるだけの予算管理の仕組みやリソースがある会社や，月次で予測を見直す必要性があるビジネスのスピードが速い会社に限っては有益ではないかと考えています。

図表5-10　予測作成の頻度

頻度	評価	適した会社
四半期次	○	全般
月次	△	仕組みとリソースがある会社，ビジネススピードが速い会社

　なお，会社によって第1四半期時点の予測作成を簡便的に行うか，そもそも省略する会社もあります。予算の情報収集時点から数えてまだ3か月程度しか経っていないこと，予測の対象年度についてはまだ半月程度しか経過しておら

ず情報入手が難しいこと，同じく月が浅いため行動計画を修正するのには早すぎることが主な理由とされます。各社のリソース量や考え方に応じて，第1四半期の予測への対応は決定していいと思います。

> ●第1節のまとめ
> ● 予測は予算達成のツールであり，予算とは別モノであることを強く意識しましょう。
> ● 予測は基本的には四半期毎に作成しましょう。

第2節　予測作成の進め方

1　予測の作成は，予算作成の「本番編」だけ

それでは，予測の作成はどのように進めたらいいでしょうか。予算作成の場合と比較するかたちでまとめたのが**図表 5-11**です。予算の場合の準備編がなくなり，本番編の部分が丸ごと残るのが全体像です。

図表 5-11　予測作成の流れ

	流れ	予算	予測
準備編	(1) 発射台をつくる	○	―
	(2) 概略損益計算書をつくる	○	―
	(3) 経営者と共有する	○	―
本番編	(4) 情報を集める	○	○
	(5) 集計する	○	○
	(6) 数字を確認する	○	○
	(7) 経営者の承認をもらう	○	○

準備編はトップダウン・アプローチに基づいていて，本番編はボトムアップ・アプローチでつくられているという話をしました。この考え方に照らすと，予測の作成は，ボトムアップ・アプローチのみに基づくということになります。

これは，前述したとおり，予測が「現実的」である必要があるからです。予算は「意志」の色合いが強いため，経営者の意図を反映できるように準備編に含まれる工程を通じて，トップダウン・アプローチも採用されます。しかしながら，**予測は年度業績の着地見込みなので，もはや「意志」ではなく「現実」なのです**。したがって，現実を把握するための十分な情報を集めることに重点が置かれます。

具体的な進め方は,
(1) 情報を集める
(2) 集計する
(3) 数字を確認する
(4) 経営者の承認をもらう

と,予算作成の本番編と流れはまったく同じです。実務としての予測作成をスムーズに進めるという観点から,予算作成とは少し違う,予測作成に特有なポイントだけ押さえておきましょう。

2 予測作成実務のポイント・その1
～「(1)情報を集める」から「(3)数字を確認する」まで～

使用するフォーマットやお願いする内容などは,基本的に予算作成と同じでかまいません。むしろ,**同じにするほうが各部門の担当者も勝手がわかっているので進めやすいと思います**。特に,年度で初めての予測の作成の際は,予算の数字をもとに更新するという進め方をすることが一般的です。この場合,フォーマットが同じであればそのまま修正できるので,とても効率的です。

(1) 年度予測の中身は実績と予測が混在する

① 実績数値はそのまま活かす

年度予測の数字は,性質の異なる2種類の数字の合計として作成,集計されます。具体的には,年度予測は月ごとに数字を用意して,12か月の数字を足し合わせます。各月の数字には,すでに月次決算が完了し実績が確定している月は実績の数値を,残りの月は予測の数字を使います。

例えば,3月決算の会社において,10月上旬に第3四半期時点での予測を作成しようとしている場合を想像しましょう。10月上旬だと,9月の月次決算が終わって,9月までの月次実績数値が存在しているとします。この場合,この予測を作成するために,4月から9月の部分は実績数値を転記し,10月から3

月の6か月分の予測数字を作成するという作業を行います。

図表5-12　予測の数字の作成

```
                        今ココ
                         ↓
  4月  5月  6月  7月  8月  9月  10月 11月 12月  1月  2月  3月
  実績 実績 実績 実績 実績 実績 予測 予測 予測 予測 予測 予測
         └──────────── 12か月合計＝年度予測 ────────────┘
```

　このように，年度予測といっても12か月すべての月の数字を作成するわけではありません。また，このことから，年度の後半のほうが予測作成に要する時間は一般的に少なくて済むといえます。なぜなら，月ごとの予測をつくるよりも実績の数値を転記するほうが工数は少なく，月次決算がすでに完了している年度後半ほど，実績数値を活用できるためです。

②　業績予想の修正判断と重なる場合

　ただ，10月上旬というタイミングだと，会社によっては経理部門の決算スケジュール次第では，9月月次の実績数値が確定していないかもしれません。このような場合，**経理部門と密にコミュニケーションをとり，実績の数値を待ちながらの予測作成が必要**になります。たったひと月ではありますが，9月の実績の数字が反映できないことで，年度の予測の精度に影響を与える可能性があります。

　この場合の現実的な対応策としては，例えば，仮置きの数字で進めておいて，実績が確定次第ぎりぎりで数値を置き換えることでもいいでしょう（タイミングでの対応）。また，実績の確定には1次締め，2次締め，最終締めなど何段階かあることが多いので，おおよそ確定した2次締めの数字を使う（精度での対応），もしくは2次締めの数字に対して，経理から入手した発生しうる数字の変更を調整した数字（同じく精度での対応）をとることも検討してみましょう。

これらはベストな策ではないかもしれません。土壇場で数字を差し替えるのは慌ただしく手数がかかりますし，その混乱の中でひょっとすると集計ミスが起こるかもしれません。また，後者の精度での対応をとった場合，どうしても予測の数字の正確性が犠牲になる可能性があります。

しかしながら，覚えておいていただきたいのは，実務での予算管理や管理会計は完璧を目指さないことも大事ということです。**最も重要なのは，経営者が望むスピードと精度のバランスにできる限り近づけることであり，そのための対応策を考えて実行することが管理会計には求められます。**

(2) 「差分方式」の予測作成が実務では効率的

予測作成の方式には2通りがあります。1つは，変化があるところだけ部分的に更新する「差分方式」，もう1つは，原則としてすべての数字を更新する「積上方式」です。

例えば，年度初回の予測を作成するときに，**予算の数字をもとに更新の必要がありそうなところだけ選んで更新していくのが「差分方式」です。各部門に対しても，「予算と比べて前提に大きな変更はありますか？」といった質問を通じて，変更点を中心に情報を集める**ことになります。また，年度中2回目以降の予測作成となれば，前回の予測をもとに変更点を更新します。

一方，**「積上方式」は，予算をつくったときと同様に，すべての数字を見直します。**各部門からも，予算作成のときと同じように，もう1回すべての情報を見直ししてもらい，提出し直してもらいます。

すべてを見直す「積上方式」のほうが，「差分方式」に比べて，手数と時間が圧倒的にかかります。予測作成においては，前述したとおり，その後のアクションの実行に時間をとっておきたい都合上，精度よりもスピードを優先したいケースが大半です。したがって，「差分方式」を採用することが一般に適しているといえます。ただし，大きな変化があったため業績を見直さざるを得なくなったなどの特別な場合は，どのような影響が業績に表れるのかを漏れなく把握することが重要ですので，手数と時間はかかるものの，「積上方式」をと

ることが望まれます。

図表 5-13　差分方式と積上方式

方　式	内　容	手　数	予測への適用
差分方式	更新の必要がありそうな部分だけ更新	小	原　則
積上方式	すべてを更新	大	例外（大きな変化がある場合）

　実務的には，以下のようないくつかのポイントを理解すると，各部門とのやりとりや管理会計部門内での作業がスムーズに進むと思います。
- スピードと精度に関する方針
- 予測作成の重点範囲（対象期間や勘定科目）
- チェック方法の明確化

①　スピードと精度に関する方針

　予測作成の元データの依頼に対して，各部門から「いやー，明後日になればもう少し精度の高いデータが出せるんですけどねー」という返事をもらうことがあります。このようなケースにどう対処するかで，予測の精度と完成のスピードが大きく変わります。

　ここで大事なのは，2つです。

　まず，**管理会計部門としてはいったいいつまで待てるのかを事前にはっきりさせておくこと**です。各部門に対して当初依頼した提出期限は，おそらく少し余裕を持たせることが多いと思います。経営者の承認や管理会計部門内でのチェックに要する時間を考慮すると，実際にいつまでなら待てるのかを，このようなケースに直面する前に把握しておくことが重要です。

　ちなみに，このような場合に，**安易に「実は××日まで待てます」などと気軽に言ってしまうのは危険**です。次回以降も「管理会計部門は余裕をもって提出期限を設定しているから，守らなくてもいいや」と思われてしまうのがオチです。そこで，限られたケースにおいてのみ，言い方に気を付けながら最長い

つまで待てるのかを伝えることが実務上はとても重要です。

　また，もう1つ大事なのは，**待つことで何が入手できて，どの程度の精度が上がるのかをきちんと把握することです**。各部門の担当者の立場で「より精緻」といっているレベルは，実は，会社全体を見ている管理会計の担当者の立場からは「大差ない」程度の精度であるということも多いのです。このような場合には，当然ながらあと何日か待つ必要はなく，「現時点のデータで大丈夫ですよ」と言ってもらってしまえば，集計，確認の作業に早く進むことができます。

　同時に，何日まで待つとなぜ精度が上がるのかを理解することで，その部門の業務の内容や進め方などをより理解することができます。さらに，次回の予測の作成のときに，「前回精度が上がると教えてもらったXXが入手できるのは，今回はいつくらいですかねー」と先手を打って提出期限に反映することができるかもしれません。

　数字をただもらうだけではなく，コミュニケーションを通じて数字に影響する要因とその関係を理解することで，より正確な予測を作成することが可能になります。**このようなコミュニケーションを通じた改善にこそ，AI時代に人間が予算管理や管理会計を担う意味があるのかもしれません**。

　② 予測作成の重点範囲（対象期間や勘定科目）
　差分方式をとる場合には限定した範囲だけの更新なので，どの部分を更新するかを決定しなくてはいけません。実務としては，集計用のフォーマットの縦軸と横軸に着目して決めるのが進めやすいと思います。つまり，**どの勘定科目（縦軸）のどの月（横軸）について，どのような方法で更新するのかを事前に決める**のです。これは，いわば予測作成の「作戦」に相当します。

　複数の管理会計担当者で作業を進める場合には，**図表5-14**のようなフォーマットを作成して共有すると全体像を理解できるので，いいかもしれません。**予測作成は時間が限られるので，この「作戦」を事前に立てて時間を有効活用**

することで，スピードと精度を両立させることができます。

図表 5-14　予測更新の重点範囲フォーマット

勘定科目	期　間	方　法	部　門	留意点
売　上	直近3か月	客数×客単価の最新予測を入手し，反映	営業部	
売上原価	直近3か月	原価率の変更の有無と内容をヒアリング	サプライチェーン部	
人件費	……	……	……	……

③　チェック方法の明確化

　予算のところでも説明したとおり，チェック対象の数字は膨大にあります。そのため，メリハリをつけて効率的にチェックをする必要があります。予測については，どのような数字をどのような順番でチェックするのがいいのでしょうか。

　考え方は，予算と予測とも同様です。つまり，ロジックチェックとストーリーチェックの2つがあります。予算の章でも説明したとおり，この順番で実施することが効率的です。

　まずは，検討対象である今回予測に対して，直近に作成した前回予測との比較を行います。予測のつくり方は基本的に差分方式が望ましいという話をしました。この考え方に沿った場合，**差が出るべき項目に差が出ているのかを確認するのが大事**です。予測が正確につくられているのかを把握するためのロジックチェックに該当します。

図表 5-15　予測のロジックチェック

前回予測　⇔　差　⇔　今回予測

今回加えたはずの変更のとおりか？

(3) 「階段チェック」で予測特有のエラーを防ぐ

① 階段とは

　予算では出てこなかった予測特有のロジックチェック方法が1つ存在します。それは，「階段チェック」です。

　すでに説明したとおり，年度予測は月単位で実績と予測の2種類の数字から構成されます。担当部門の観点からみると，**実績部分は経理部門主体**であるのに対して，**予測部分は管理会計部門が主体**で作成されます。このため，何が起こるかというと，**実績と予測の2種類の数字の間で整合性がとれていないという事態がしばしば発生します。**実績となった月と予測段階の月の間で，大きな差が生じるのです。これを「階段」と呼ぶこととします。

　次記の**図表5-16**で具体的に見てみましょう。これは，10月中旬時点に予測を作成しているケースを想定しています。9月までは実績の損益計算書数値が確定しています。そこで，4月から9月までは月次の実績数値を，10月から3月までは各月の予測の数字を作成・入力し，両者の合計を年間予測としています。

　予算の章でチェックする場合のコツとして，「変動費は％を，固定費は金額に注目する」という話をしました。ここでも，同じコツが使えます。

　具体的には，変動費は下の欄の売上高構成比に注目し，店舗固定費や本社費は固定費なので金額に注目しましょう。横に数字を追っていくと，変動費の場合には4月から3月まで各費用の売上高構成比は一定です。したがって，もし10月以降もこれまでと同じ傾向が続くと考えているのであれば，数字に問題はありません。

　次に，店舗固定費の金額推移を見てみましょう。人件費，賃借料，水道光熱費のすべてについて9月と10月の間に大きく段差が見つかります。よく見ると，4月から9月までほぼ同じ水準なのに，10月から急に増加しています。これが「階段」であり，チェックすべきシグナルといえるのです。

第5章 四半期予測のしかた　129

図表5-16 予測損益計算書月次推移の「階段」

単位：千円	実績 4月	実績 5月	実績 6月	実績 7月	実績 8月	実績 9月	予測 10月	予測 11月	予測 12月	予測 1月	予測 2月	予測 3月	年間計
売上	105,000	108,500	105,000	108,500	108,500	105,000	128,650	124,500	128,650	126,480	114,240	126,480	1,389,500
売上原価	73,500	75,950	73,500	75,950	75,950	73,500	90,055	87,150	90,055	88,536	79,968	88,536	972,650
売上総利益	31,500	32,550	31,500	32,550	32,550	31,500	38,595	37,350	38,595	37,944	34,272	37,944	416,850
変動費													
商品廃棄損	2,205	2,279	2,205	2,279	2,279	2,205	2,702	2,615	2,702	2,656	2,399	2,656	29,180
棚卸減耗損	368	380	368	380	380	368	450	436	450	443	400	443	4,863
支払ロイヤルティ	12,600	13,020	12,600	13,020	13,020	12,600	15,438	14,940	15,438	15,178	13,709	15,178	166,740
計	15,173	15,678	15,173	15,678	15,678	15,173	18,590	17,990	18,590	18,276	16,508	18,276	200,783
限界利益	16,328	16,872	16,328	16,872	16,872	16,328	20,005	19,360	20,005	19,668	17,764	19,668	216,067
店舗固定費													
人件費	7,200	7,440	7,200	7,440	7,440	7,200	9,821	9,504	9,821	9,821	8,870	9,821	101,578
賃借料	5,000	5,000	5,000	5,000	5,000	5,000	6,000	6,000	6,000	6,000	6,000	6,000	66,000
水道光熱費	1,250	1,250	1,250	1,250	1,250	1,250	1,500	1,500	1,500	1,500	1,500	1,500	16,500
計	13,450	13,690	13,450	13,690	13,690	13,450	17,321	17,004	17,321	17,321	16,370	17,321	184,078
貢献利益	2,878	3,182	2,878	3,182	3,182	2,878	2,684	2,356	2,684	2,347	1,394	2,347	31,990
本社費													
広告宣伝費	1,575	1,628	1,575	1,628	1,628	700	2,230	1,868	1,930	1,897	1,714	1,897	20,268
その他本社費	525	543	525	543	543	525	643	623	643	632	571	632	6,948
計	2,100	2,170	2,100	2,170	2,170	1,225	2,873	2,490	2,573	2,530	2,285	2,530	27,215
営業利益	778	1,012	778	1,012	1,012	1,653	−189	−134	111	−183	−891	−183	4,775

単位：％	4月	5月	6月	7月	8月	9月	10月	11月	12月	1月	2月	3月	年間計
売上	100.0%	100.0%	100.0%	100.0%	100.0%	100.0%	100.0%	100.0%	100.0%	100.0%	100.0%	100.0%	100.0%
売上原価	70.0%	70.0%	70.0%	70.0%	70.0%	70.0%	70.0%	70.0%	70.0%	70.0%	70.0%	70.0%	70.0%
売上総利益	30.0%	30.0%	30.0%	30.0%	30.0%	30.0%	30.0%	30.0%	30.0%	30.0%	30.0%	30.0%	30.0%
変動費													
商品廃棄損	2.1%	2.1%	2.1%	2.1%	2.1%	2.1%	2.1%	2.1%	2.1%	2.1%	2.1%	2.1%	2.1%
棚卸減耗損	0.4%	0.4%	0.4%	0.4%	0.4%	0.4%	0.4%	0.4%	0.4%	0.4%	0.4%	0.4%	0.4%
支払ロイヤルティ	12.0%	12.0%	12.0%	12.0%	12.0%	12.0%	12.0%	12.0%	12.0%	12.0%	12.0%	12.0%	12.0%
計	14.5%	14.5%	14.5%	14.5%	14.5%	14.5%	14.5%	14.5%	14.5%	14.5%	14.5%	14.5%	14.5%
限界利益	15.6%	15.6%	15.6%	15.6%	15.6%	15.6%	15.6%	15.6%	15.6%	15.6%	15.6%	15.6%	15.6%
店舗固定費													
人件費	6.9%	6.9%	6.9%	6.9%	6.9%	6.9%	7.6%	7.6%	7.6%	7.8%	7.8%	7.8%	7.3%
賃借料	4.8%	4.6%	4.8%	4.6%	4.6%	4.8%	4.7%	4.8%	4.7%	4.7%	5.3%	4.7%	4.7%
水道光熱費	1.2%	1.2%	1.2%	1.2%	1.2%	1.2%	1.2%	1.2%	1.2%	1.2%	1.3%	1.2%	1.2%
計	12.8%	12.6%	12.8%	12.6%	12.6%	12.8%	13.5%	13.7%	13.5%	13.7%	14.3%	13.7%	13.2%
貢献利益	2.7%	2.9%	2.7%	2.9%	2.9%	2.7%	2.1%	1.9%	2.1%	1.9%	1.2%	1.9%	2.3%
本社費													
広告宣伝費	1.5%	1.5%	1.5%	1.5%	1.5%	0.7%	1.7%	1.5%	1.5%	1.5%	1.5%	1.5%	1.5%
その他本社費	0.5%	0.5%	0.5%	0.5%	0.5%	0.5%	0.5%	0.5%	0.5%	0.5%	0.5%	0.5%	0.5%
計	2.0%	2.0%	2.0%	2.0%	2.0%	1.2%	2.2%	2.0%	2.0%	2.0%	2.0%	2.0%	2.0%
営業利益	0.7%	0.9%	0.7%	0.9%	0.9%	1.6%	−0.1%	−0.1%	0.1%	−0.1%	−0.8%	−0.1%	0.3%

もちろん，階段になっているのに何らかの理由があるのであれば問題ありません。「階段」は，その数字が間違っているかもしれないからチェックすべき箇所を効率的に発見する手法だと思ってもらえればいいと思います。

階段を発見するためには，予測の作成に使用した月次損益計算書を活用しましょう。この損益計算書は横に月次の数字が並んでいるので，各勘定科目の数字を横に見ていくのが容易です。ここでも，変動費の場合は％，固定費の場合は金額の欄を中心に確認すると効果的です。

このように**数字に違和感がないかを横に見ていき，違和感があるのが実績月と予測月の境目であった場合は，予測の精度が低い可能性があるので見直しの必要があります。**

② 階段が生じる理由

このような実績と予測の間で階段が生じてしまう理由はいくつか考えられます。多いのは，管理会計部門の担当者や予測の元データをつくった各部門の担当者に，**実績数値の計算のされ方，つまり経理の知識が不足している場合です。**具体的には，重要な備品類は貯蔵品として資産計上しているため，使用した都度費用に計上しているにもかかわらず，そのことを知らずに予測上は納品のタイミングと金額で計上しているといった場合があります。

これは予測側に原因がある場合ですが，逆に実績側に問題がある場合もあります。例えば，実績に引当金や未払費用など概算で計上される部分があり，かつこの見積精度が低い場合です。精度が低いと，翌月に戻しや追加費用などが発生し，実績がゆがんで見える原因になります。

(4) 「ストーリーチェック」にて，経営者の視点で確かめる

ストーリーチェックは，予測作成においてもとても重要な作業です。予測作成の目的は，目標が達成できるのかを確認し，行動計画を変更することでした。作成した予測を目標である予算と比較するのは，まさに目的に直接関係する作業といえます。

また，予測と前期実績との差異も確認しておきましょう。前期に対してどれだけ成長しているのか，そしてその要因は何なのかを押さえておくことが大事です。

経営者が気にするのは，この２つの比較です。**この段階で２つのストーリーチェックを適切に行うことができれば，後述する経営者への説明も進めやすくなります。**

3　予測作成実務のポイント・その２　～「(4)経営者の承認をもらう」～

(1) 予算より弾力的に運用可能

予測についても，予算に準じて経営者による承認が必要です。なぜなら，予測に基づいて各部門が行動することになるなど，**経営に与える影響が大きく，各部門の納得性を確保する必要があるためです。**

とはいえ，外部公表の対象となる予算ほどに厳格な承認手続は必要とされないケースがほとんどです。つまり，各会社や経営者のニーズに応じて弾力的に運用することはできる部分です。

また，予測の場合には，共有先を制限してもよいかもしれません。予算の場合は，通常，取締役会での決議事項であるため，すべての役員が見て承認することが必要になります。一方で，予測は，目標の進捗管理の意味では重要ですが，あくまでも形式的な位置づけとしては見込みであり予算よりは落ちるので，これも各社に合わせた運用が可能な部分といえます。例えば，経営者の「承認」という言葉は予測については使わず，経営者への「報告」または経営者への「共有」程度の表現が使われることも実際にあります。

(2) フォーマットも予算とできるだけ共通に

資料としては，予算と同様に，概略版損益計算書くらいの粒度の損益計算書

図表5-17 経営者向け

X3/10/20時点

> Q3時点予測では，年間売上13.9億円，営業利益5百万円で着地見込み。
> ＜対予算＞
> 売上は新店舗開店により1.1億円上回るものの，営業利益は9百万円不足の予想。主要因
> ＜対前回予測＞
> 売上は新店開店遅れにより3千4百万円減少し，営業利益も6百万円減少。営業利益への

単位：百万円

	X2年度実績		X3年度予算		X3年度前回予測		X3年度今回予測	
売上	1,241	100.0%	1,278	100.0%	1,423	100.0%	1,390	100.0%
売上原価	869	70.0%	894	70.0%	996	70.0%	973	70.0%
売上総利益	372	30.0%	383	30.0%	427	30.0%	417	30.0%
商品関連損失	30	2.5%	31	2.5%	35	2.5%	34	2.5%
人件費	88	7.1%	88	6.9%	99	7.0%	102	7.3%
広告宣伝費	19	1.5%	19	1.5%	21	1.5%	20	1.5%
賃借料	60	4.8%	60	4.7%	68	4.8%	66	4.7%
支払ロイヤルティ	149	12.0%	153	12.0%	171	12.0%	167	12.0%
その他	21	1.7%	18	1.4%	22	1.6%	23	1.7%
計	367	29.6%	370	28.9%	416	29.3%	412	29.7%
営業利益	6	0.4%	14	1.1%	11	0.7%	5	0.3%

とこの数字の前提となっている事柄についての資料の2点があれば十分だと思います。具体的な概略版損益計算書のフォーマットは**図表5-17**のとおりです。

　少なくとも，縦軸の勘定科目や段階利益などは予算と同じものを使うようにしましょう。異なると，資料の使い手である経営者が理解するのに時間を要するかもしれません。また，管理会計部門としても，同じ区分であれば，作成自体や整合性の確認も容易です。管理会計部門の業務として，フォーマットは標準化させるほうが素早く作成できると同時に，余計な調整や集計が不要になるため，誤りの発生リスクが大幅に低下します。

第 5 章　四半期予測のしかた　133

予測サマリフォーマット

は，下期の時給の上昇（5百万円）と光熱費削減の未達（3百万円）。

影響は，ほぼ下期の時給の上昇のみによる。

vs X2 実績		vs X3 予算		vs 前回予測		今回予測の前提
149	—	112	—	(34)	—	新店2か月開店遅れ（−37M）
(104)	—	(78)	—	24	—	
45	—	34	—	(10)	—	
(4)	—	(3)	—	1	—	
(14)	(0.3%)	(14)	(0.5%)	(2)	(0.3%)	10月より時給上昇1,000円から1,100円へ（−5M）
						新店2か月開店遅れ（＋3M）
(2)	0.0%	(1)	0.0%	1	0.0%	
(6)	0.1%	(6)	(0.1%)	2	0.0%	新店2か月開店遅れ（＋2M）
(18)	—	(13)	—	4	—	
(2)	0.0%	(5)	(0.2%)	(1)	(0.1%)	
(45)	(0.1%)	(42)	(0.7%)	4	(0.4%)	
(1)	(0.1%)	(9)	(0.7%)	(6)	(0.4%)	

　そして，横軸ですが，ここでは4種類の数字を並べましょう。この4種類は，詳細損益計算書とまったく同一で，前期実績，当期予算，前回予測，今回予測です。
　また，**予測の説明においては，資料の準備以上に重要なのは手持ちの情報の準備**です。手持ち情報として考えられるものはいくつかあります。
● 予算を達成するための行動アイデア
● 前提が異なる複数のシナリオ

(3) 予算を達成するための行動アイデアを集めておく

① 数字を「使う」のが管理会計部門

概略版損益計算書を見たら，このままでは予算未達となりそうなことが明らかだったとします。このような場合，経営陣は何を考えるでしょうか。

まずは，予算を達成するために打てる手を探すべく，目の前の管理会計担当者に対して「減らせるコストはないのか」「それは予測に含まれているのか」を確認すると思われます。このとき，**経営陣に言われてはじめて「確認してみます」と答えるのでは遅いと思います**。実際のコスト削減に割く時間がその分減ってしまうので，スピードを大切にする経営者にとっては問題です。

このような場合に備え，事前に予算達成のために行動を変更できるアイテムをあらかじめ把握しておくことが極めて重要です。そこまでするのかと思われる方もいるかもしれません。管理会計部門の役割は，経営者とともに会社が予算を達成できるようにすることです。そのためには，従来とは役割定義を変える必要があるのです。数字を「つくる」のが主な業務で，各部門と経営者の間のメッセンジャーというのが，これまでの管理会計部門の位置づけでした。**今後は，数字を「使う」ことに重きを置いた，経営者の右腕としての交渉役である管理会計部門にシフトする必要があります**。

② 取りやめたりタイミングを遅らせることが可能なもの

話が大きくなりましたが，**具体的なアイデアとして用意すべきなのは，実施を取りやめることができるプロジェクトやタイミングを翌年に動かせるプロジェクトの情報です**。完全に実施しないことが難しくても，一部のみの実施やタイミングをずらすことができるのであれば，それでも当期の業績改善には役に立ちます。新規プロジェクトの削減に加えて，既存のコストの中で効果が出ていないなどいったん停止できる可能性があるものの目星をつけておくことも大事です。

ただ，これらの既存のコストやプロジェクトについては，廃止となると各部

門の風当たりが厳しいため，それを説得するだけの材料も日頃から集めておく必要があります。また，収益を追加する策があれば，もちろんそれも大いに役に立ちます。営業や販売促進部門から，これらの攻めの情報を入手しておくことも大事です。

このような活動は，プロフィットマネジメント（利益管理）と一般に呼ばれ，予算管理における重要業務の1つです。しかしながら，数字の集計のような目に見える業務と比べて見えづらいものです。その結果，なかなか取り組みが難しいのは事実です。また，先ほど挙げたようなコスト削減のための情報は，各部門の数字や業務について深く関わらない限り，集めることができません。

とはいえ，管理会計担当者は，この利益管理活動を通じて，経営陣の近くで考え方や意思決定のよりどころを学ぶことができるともいえます。つまり，経営者教育を業務の中で体験できるのが管理会計部門なのです。このように考えて，**経営者のごとく高い視点から，予算達成のための策を考えてみるのも管理会計担当者の醍醐味といえます。**

(4) 前提が異なる複数のシナリオを検討する

概略版損益計算書に記載する数字は，最も発生する可能性が高いシナリオを採用することが一般的です。このシナリオのことを普通ケースとも呼びます。この普通ケースと比べて，よりよい前提を置いた楽観ケースや，逆により悪い前提を置いた悲観ケースの数字も計算しておくことが望まれます。

図表5-18 ケースの種類

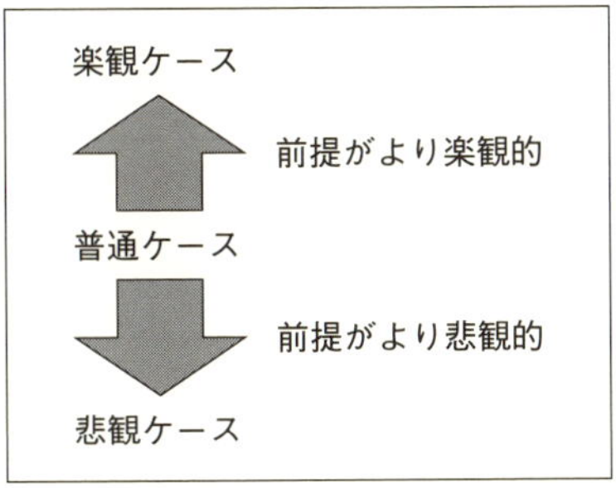

楽観ケース
↑ 前提がより楽観的
普通ケース
↓ 前提がより悲観的
悲観ケース

このようないくつかのパターンの前提を用意して，それぞれの結果を比較するという取り組みをビジネスシミュレーションと呼びます。投資銀行やM&Aなどが盛んな会社でよくとられる手法です。

　このような会社では何十，何百とシナリオを作成します。M&Aが多い某大手通信会社では2千ものシナリオを作成するという話もあります。一般の会社の予測においては，楽観と悲観の2つ程度で十分だと思います。複数作っても，数字に詳しいとは限らない経営者が混乱する場合もあるからです。

　これらを用意することで，思ったよりもうまくいかなかった場合にどこまで業績が悪くなってしまうのかを事前に理解し，しかるべき対応をとることができます。例えば，資金繰りを考えるうえでは最悪のケースを想定しておいたほうがいいので，悲観ケースは役に立ちます。また，予算作成において社内用予算と社外用予算を2種類作ったのと同様の考え方で，楽観ケースを営業など社内の部門に現段階の予想として渡すという使い方も，発破をかける意味でよいかもしれません。例えば，「この高い売上を見込んでいるので，達成のほどよろしくお願いします」というようなやり取りになるでしょう。2つの上下のシナリオを用意することで，幅をもって対策を考えることが可能になります。

(5) ニーズを踏まえて経営者へ伝える

　経営者に予測の結果を伝える場合には，**経営者がそれを何に使うのかを理解し，念頭に置いておく必要があります。**例えば，上場会社において業績予想の修正に使うとすれば，株価に影響を与える可能性も高いため，経営陣は慎重に検討するでしょう。その場合には，数字の精度にも触れながら話すほか，楽観シナリオや悲観シナリオも必要に応じて説明する必要があるでしょう。

　もし予測の活用先が社内の行動計画を変えるためということであれば，一とおりの説明をしたうえで，経営陣の質問に答えるという姿勢でよいと思われます。

　相手のニーズに合わせて説明の仕方を変えるという点で，このスキルはプレゼンテーションやファシリテーションスキルそのものということができます。

予測作成の業務を通じて，このような汎用性の高いビジネススキルの育成が可能なのです。

> ●第2節のまとめ
> ● 予測作成は，更新が必要なところだけ更新しましょう（差分方式）。
> ● 特に，更新対象とする期間や勘定科目を明確に決めましょう。
> ● 予算未達になりそうな場合，そのことの報告だけでなく，改善のための提案も心がけましょう。

第3節　予測実績比較の意味

1　予測と実績を比べることで計画を修正する

　月次分析の章ですでに2つの比較を確認しました。予算対実績，前期対当期実績です。予測を作成したら，月次分析の際に，これら2つの分析に加えて，予測と実績を比較することが可能になります。

　予測と実績の比較は，「こうなるだろう」の予測と「実際こうなった」実績を比べることです。当然ながら，「こうなるだろう」が実現するとは限りません。そこで，両者を比較したうえで，相違があるのか，どこに相違があるのか，そしてそれはなぜなのかを検討するのです。

　大学の合格可能性の例でまた考えてみましょう。模擬試験では合格可能性が80％以上だったにもかかわらず，残念ながら本番の大学入試では不合格だったとします。その場合，結果を入手できる大学もありますので，結果を入手して模試のときの成績と比較します。すると，得点源だった数学の点数が予想外に低いことがわかりました。その原因を考えたところ，問題を解くときの時間配分に失敗し，全問解答しきれなかったことに思い当たりました。このことを来

図表5-19　不合格からの反省

年の入試に生かすために，模擬試験をさらに受けることで実践にて時間配分を練習するという勉強計画を立てることができます。

　予測は，現在の行動計画に基づいて行動したらこの結果が得られるはずだ，という見込みの業績を示したものです。両者を比較することで，その予定していた業績と実際に行動してみた結果としての業績の差がわかります。

　予測と実績の比較は，前述の２つの比較（予算比較と前期比較）とは性質も目的も異なります。時間が限られた月次分析において，３つの比較のうちどれを優先して取り組むべきかといえば，**予測との比較の重要度は高いといえます。**なぜなら，**もし予測，すなわち期待していた業績と実態に相違があるのであれば，行動計画自体の見直しをしないといけません。**そうしないと，管理会計の目的である業績改善が達成できなくなってしまうためです。

図表５-20　予測実績比較の流れ

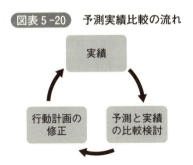

●第３節のまとめ
- 行動計画（予測）の修正のために，予測と実績の比較をしましょう。

第4節　予測実績差異の意味

1　予測実績差異からは膨大な情報が得られる

　ここまで予測と実績の差異が実際に意味していることに注目して，より細かく見ていきたいと思います。月次決算において予測と実績の比較が最優先という話は前述のとおりであり，それは得られる情報が有効かつ多いためです。
　予測と実績の差異が発生したときに，発生原因は大きく2種類に分かれます。実績側に原因があるケースと，予測側に原因があるケースです。

図表 5 -21　予測実績差異が意味するもの

原因	事象	例	対処	関連部門	解決スパン
実績	計上漏れ	伝票処理漏れ，請求書未着	今回決算で実績修正	経理部	短
	実績の低精度	引当金戻入過大，未払費用の消込差額	次回以降の決算で計上方法の見直し	経理部	中
予測	期ずれ	実施（発生）月の変更	次回以降の予測で月変更	管理会計部門	中
	予測の低精度	各部情報の入手漏れ	各部からの情報内容の理解＆入手経路の構築	各部門	長
		会計費用の漏れ	制度会計の知識習得と経理部門との協働	経理部	長
		チェック不足	チェック方法の確立と運用	管理会計部門	中

(1)　実績側の原因は経理部門とともに対応する

　実績側に原因があるケースには，実績の計上漏れが原因となるケースが多い

といえます。つまり，本来は実績を修正すべきだった，ということです。筆者の経験でもこのような事態が多いため，**予測実績の比較は，月次決算の確定作業の一環として行うとよいでしょう。**このような差異は発見次第，すぐに経理部と協議して対応することが必要です。

発生頻度は低いものの，実績の精度が低いことが原因になる場合もあります。例えば，引当金や概算計上の未払費用など実績の数値が見積りに基づいて計上される場合に，その精度が低く過不足額が発生している状態です。予測においてこのような事態を想定していないため，差異になるのです。これは，そもそも実績の精度を上げることで対応すべきです。

(2) 予測側の原因は予測精度向上の大きなヒント

一方，予測側に問題がある場合も多くあります。

最も多く発生するのは，期ずれです。予定していた月と異なる月にコストなどの発生がずれる場合です。後ろにずれる場合には，新たな発生予定月でのコストの発生を次回の予測で見込むことが必要となります。

また，各部門からの情報がそもそも入手漏れだったということも比較的多く発生します。この場合には，各部門から今後は漏れなく情報が入手できるよう関係構築に努める必要があります。一朝一夕に解決できることではありませんが，コミュニケーションの取り方については詳しく後述します。

さらに，同じく情報の入手漏れに近い話として，会計的費用の予測漏れがあります。専門的な会計基準に基づいた費用などは，管理会計部門では理解や把握に限界があります。そこで，これらの費用は経理部門との連携を強化することで対応すべきといえます。

実務において見逃せない現実として，管理会計部門内のチェックの不足により発生する差異も存在します。例えば，各部門から提出された数字を集計用のエクセルに転記する際に桁を間違えたなどのヒューマンエラーが代表例です。これらを防ぐためには，以前紹介したチェック方法などを活用するのがいいと思います。

2　差異への対応で予測の価値が決まる

　以上のとおり，予測と実績の差異は多様な要因で多くの数発生します。したがって，**原因がわかった時点で必要なアクションを判断し，いつそれを実行するか目途をつけるのが重要**です。

　また，アクションをとると決めたタイミングが来た時に**実行を忘れないようにする仕組みも必要**かもしれません。筆者の場合は，期ずれ差異を発見した場合には，次回の予測作成のフォルダに，メモ帳機能を使って部門や金額や内容など最低限の情報を記録して収容しておくという対応をしていました。

　実は，**予測実績差異がどの程度発生するのかは，予算管理業務レベルの高低を示している**ともいえます。これら差異を解消するためには必要な知識も多く，ビジネスに関する知識に加えて，会計知識もある程度なければなりません。さらには，再発防止に向けて協力を得られるようにコミュニケーションする能力も必要になります。したがって，月次決算の予測実績比較は，全体的な管理会計力の向上に最も役立つ業務といっても過言ではないと思います。

●第4節のまとめ
- 予測実績差異の原因が実績にある場合には，経理と協働して解決しましょう。
- 予測に原因がある場合には，ひとつひとつ対処することで予測の精度を上げましょう。

第5節　月次決算分析での予測実績比較

1　予測実績差異の分析は，決算数値が締まる「前」に

　比較の月次分析をより効果的に活用する方法として，予測と実績の差異が解明されなければ月次決算を締めないという対応も考えるのも1つです。

　通常，実績数値が確定して，その後，月次決算の分析を行う流れをたどることが多いでしょう。しかし，この流れでは，月次決算分析の結果，実績の誤りに気がついたとしても，月次決算を修正するのは現実的ではありません。多くの会計システムでは，決算数値が簡単に変更されてしまうことを防ぐという内部統制の観点から，月次決算確定処理を一度行うと修正が難しい仕組みになっていることが多いためです。ということは，そもそも月次決算が締まる前の，まだ実績数値に変更が可能な段階で，誤りを発見しうる分析を行うのが望ましいのです。

　といっても，すべての分析を月次決算の作業にする必要はありません。月次決算分析として，3種類の比較（予算との比較，前期との比較，予測との比較）をおすすめしました。このうちの，予測との比較だけを月次決算作業期間に組み込むので十分だと思います。なぜなら，予算との比較や前期との比較では，

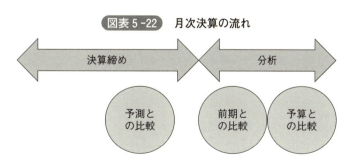

図表5-22　月次決算の流れ

誤りが発見されることは少ないためです。一方，予測との比較は，実績数値の誤りを発見できる可能性が高いため，これを十分に活用すべくタイミングを考慮することが望まれます。

2　月次分析での経営者用への報告は視点を絞る

月次分析の報告において，予測実績比較は経営者に報告しないというのも，選択肢として検討する価値があると思います。

経営者の意向にもよるのですが，**数字にとても強い一部の経営者を除いては，3種類の比較を出すと，多すぎて混乱する傾向があります。**そこで，経営者も明確に理解できる「前年と予算」のみを記載して情報として届けるのもいいと思います。

これら2つの比較（前年との比較と予算との比較）は，予測との比較とは大きく性質が異なります。月次分析の章で説明しましたが，前年との比較は，今年のトレンドとの違いというビジネス上の動きを表す情報を提供することができます。また，予算との比較は，当初定めた目標との違い，つまりすでに経過した期間の業績が目標どおりに推移しているのかという経営上の重要な情報を提供します。これは，前期と予算の数値は固定的なものだからこそ，比較の意味が大きいと考えられます。前期はすでに過去の「実績」として不変なものであり，予算も会社として承認した公式目標として不変なものといえます。

一方，予測とは，見積りをもとに作成された，ある意味で恣意性が高いものだということです。恣意性が高いものとの比較結果を経営者に提供することにどのような意味があるのかを検討したうえで，月次決算分析に予測実績比較を含めるかどうかを決定するのがよいと思います。原則として，予測は経営のナビゲーションのためのツールの位置づけなので，これと実績を比較することは，どちらかといえばツールの有効性を検討する意味合いが強いのです。

このような3種の比較対象の性質を踏まえて，比較の数を減らしてより理解しやすくする工夫が必要かもしれません。経営者にとって資料を有用なものに

するためには，ビジネス上の見方に特化して資料は作成することが望ましいといえます。

これは，月次決算において予測を重視することと決して矛盾するものではありません。なぜなら，わたしたち**管理会計部門がするべきことと，経営者が知るべき情報は，一致するとは限らない**からです。むしろ一致することはないと思います。管理会計部門は，数字の正確性は当然のこととして確保したうえで，**周辺情報も含めて幅広く情報収集や事実の確認をし，その中でも有用だと思われるものだけをわかりやすい形で経営者に届けます**。このように，切り分けて考えることが重要です。

> ●第5節のまとめ
> ● 予測実績比較は，月次決算が締まる前に行いましょう。
> ● 経営者への月次報告は比較の数を絞りましょう。

第6章

部門別損益計算書の
つくり方・活かし方

第1節　部門別損益計算書はなぜ必要か
第2節　部門別損益計算書の形式
第3節　部門別損益計算書の扱い方

第1節　部門別損益計算書はなぜ必要か

1　部門別損益計算書は，作ったあとの「使う」が大事

　部門別損益計算書とは，会社全体の損益計算書を細分化した，部門単位で作成される損益計算書のことです。見た目は**図表6-1**のように，横軸に部門，縦軸に勘定科目（中身は全社の損益計算書と同じ）という形式をとります。

　会計システムに入力していくときに，部門コードも合わせて入力する会社が

図表6-1　部門別損益計算書

単位：千円	X3年度9月PL					
	南関東エリア 3店舗		北関東エリア 2店舗		X3年度 全社合計	
売上	57,750	100.0%	47,250	100.0%	105,000	100.0%
売上原価	40,425	70.0%	33,075	70.0%	73,500	70.0%
売上総利益	17,325	30.0%	14,175	30.0%	31,500	30.0%
変動費						
商品廃棄損	1,544	2.7%	662	1.4%	2,205	2.1%
棚卸減耗損	202	0.4%	165	0.4%	368	0.4%
支払ロイヤルティ	6,930	12.0%	5,670	12.0%	12,600	12.0%
計	8,676	15.0%	6,497	13.8%	15,173	14.5%
限界利益	8,649	15.0%	7,678	16.3%	16,328	15.6%
店舗固定費						
人件費	4,320	7.5%	2,880	6.1%	7,200	6.9%
賃借料	3,000	5.2%	2,000	4.2%	5,000	4.8%
水道光熱費	500	0.9%	750	1.6%	1,250	1.2%
計	7,820	13.5%	5,630	11.9%	13,450	12.8%
貢献利益	829	1.4%	2,048	4.3%	2,878	2.7%
本社費						
広告宣伝費	350	0.6%	350	0.7%	700	0.7%
その他本社費	315	0.5%	210	0.4%	525	0.5%
計	665	1.2%	560	1.2%	1,225	1.2%
営業利益	164	0.3%	1,488	3.1%	1,653	1.6%

大半だと思います。このデータを使用すれば，部門別損益計算書を作成することはそれほど難しい話ではありません。会計システムの標準機能として，部門別損益計算書を出力できることもあります。

　部門別損益計算書で重要なことは作り方ではありません。どのように活用するかのほうがはるかに重要です。一般に，部門別損益計算書を作成する目的は，部門ごとの業績を把握することにあります。

2　状況の正しい理解と当事者意識の向上

　部門別損益計算書は，全社の損益計算書を細分化したものであり，細分化の代表例です。予算管理に限らず，管理会計においては，この細分化という方法がしばしば使われます。例えば，プロジェクト別損益管理もこの例に当たります。

　こうした細分化には，どのような効果があるのでしょうか。

　1つは，**細分化により比較が容易になり，より状況を正しく理解することができるようになります。**例えば，会社が新規事業を始めた場合や逆に既存事業の一部を廃止した場合に，全社損益計算書にはこれらの影響がもちろん含まれています。この場合，全社損益計算書を比較しても，新規事業や廃止した事業の実態を把握することは困難です。そこで，単位を細分化して，部門単位などにすることで，同じ内容同士で比較することができます。このように細分化することで比較が可能になり，その結果，状況を正しく把握できるようになるという効果があります。

　細分化のもう1つの効果に，**当事者意識の向上**があります。イメージしてみてください。全社損益計算書は経理財務部門や経営者など一部の人以外にとっては遠い存在です。しかしながら，自分の部門の損益計算書であれば，かなり身近に感じられるのではないでしょうか。

　実は，**各部門に数字を身近に感じてもらうことは，予算管理においてはとても重要なこと**なのです。身近に感じられれば，まず，内容を理解することがで

きます。そして，改善するためにどのような行動をとったらいいのか，おおよそのアタリが付きます。その結果，実際に行動をとることができます。この「わかる」と「できる」は，業績改善のために必要なステップといえます。部門別損益計算書や第7章で詳しく扱うKPIは，業績改善を目指す予算管理において，各部門の力を集めて業績を改善するための仕組みの代表例なのです。

3 意思決定，順位づけ，ベンチマーキング

細分化により比較ができ，比較により状況をより正しく把握できるという話をしました。比較により状況を把握したら，どのように活用することができるのでしょうか。

まず，比較の結果を使って意思決定を行うことができます。例えば，これから注力すべき事業部門を探したり，逆に撤退する部門の目星をつけたりということが可能になります。複数の事業部門を横に並べて，営業利益といった共通のモノサシを当てることができるのです。つまり，複数から選び出すことができます。

また，順位づけを行って，評価に結びつけることができます。上記の意思決定にも似ていますが，意思決定は多くの選択肢から1つを選び出すことが多いのに対して，順位づけは複数の構成要素を並び替えるイメージです。例えば，多くの店舗を展開している小売業では，店舗の順位をつけることがあります。容易に把握できる売上順位も重要ですが，会社の業績に直結する利益で順位をつけるためには，部門別損益計算書が必要になります。このように，多くの項目がある場合に序列をつけることで，意味合いを持たせることができます。

さらに，ベンチマークを見つけ出すことも選択肢の1つです。ベンチマークとは，参考にすべきお手本を意味します。上記の多店舗展開小売業の例でいえば，利益を多く出している店舗を特定します。そして，利益が多い理由を探り，その要因を他の店舗でも実行してみるという全体の業務改善のきっかけにします。比較することで，どの店舗が優れているのかが容易にわかります。

図表 6-2　比較の活用方法

- 意思決定（複数から選び出す（例：注力 or 撤退））
- 順位づけ（序列をつける）
- ベンチマーク（見本を見つける）

●第1節のまとめ
- 部門別損益計算書を活用するために，「比較」しましょう。
- 比較の目的は，意思決定，順位づけ，ベンチマーキングのいずれなのかを意識しましょう。

第2節　部門別損益計算書の形式

ここからは部門別損益計算書を詳しくみていきたいと思います。概論として細分化することの意味は先ほど述べたとおりですが，実際に細分化するための方法を考えてみましょう。

1　「同類」と「異類」の2種類がある

分解するもととなる全社損益計算書は，構成要素の観点から見てみると，大きく2つのタイプに分けることができます。

まず，**性質が異なる要素で構成されている「異類」タイプ**です。具体的には，多角化企業の例です。さまざまな事業を経営しているので，部門別損益計算書としてはその事業別に作成することになります。事業別に細分化することではじめて同業他社と比較することが可能になります。つまり，他社と比較するために一部を取り出すイメージです。制度会計に詳しい方は，セグメント情報の注記に近いといえばわかりやすいでしょうか。

反対のケースとして，**同じ性質の構成要素が複数集まって構成される「同類」タイプ**があります。例えば，小売業やサービス業などで多店舗展開している場合には，同じ業務内容を行う店舗がたくさんあります。店舗ごとに損益計算書を作成することで，同じ業務ながらも，どれだけ業績に差があるのか，その原因はどこにあるのかなどを探ることができます。つまり，お互いに比較するために，1つひとつを取り出すイメージです。

このように，部門別損益計算書といっても，異なる要素で構成される場合と

同じ要素で構成される場合とがあります。まずは，**自社の部門別損益計算書をどのような目的をもとに作成するか，どちらのケースなのかを明確に意識すること**が大事です。

2 部門分けは事業の実態に即して行う

　部門別損益計算書の「部門」は，事業の実態がわかるような単位で区分するのが原則です。したがって，複数の事業を行っている場合には，状況を把握したい事業単位ごとに分けるとよいと思います。

　ただ，事業内容が相互に関連性が強いなど，分けたほうがいいのかどうか迷う場面もあると思います。その場合には，大きな単位で分けることをおすすめします。なぜなら，小さい単位で分ければ分けるほど手数がかかる傾向にあるからです。迷うくらいであれば，いったん大きな単位で進めて，必要だとあらためて考えたときに分けるというのでも，大きな問題はないと思います。

　管理会計の実務においては，このような難しい判断が求められることがしばしばです。特に，管理会計は会計基準など「答え」になるものもなく，監査法人のような「審判」もいないので，社内の自分たちでその都度判断していくしかありません。

　管理会計や予算管理業務で何か判断しなくてはならない悩ましい論点が生じた場合，筆者は，実務的に手数のかからない方法を選ぶと決めていました。なぜなら，前述のとおり，管理会計はスピードが重要になる場面が多いので，その余力をとっておくことを優先していました。当然，手戻りが発生することもありましたが，この方針のほうが全体として適切であったことが大半でした。

　何を優先するのかは，会社の状況や経営者の性格，管理会計部門の状況によるかもしれません。ただ，**判断に迷った場合の判断方針を持っておくこと自体は，管理会計のスピード化に極めて有効**だと思います。

3 共通費の配賦は，配賦基準とグループ単位で決まる

　部門別損益計算書を作成するときに必ずといっていいほど問題になるのが，共通費をどのように配賦するかということです。

　「共通費」というのは，部門別損益計算書の作成単位である各部門が，それぞれどれだけ使用したのかをはっきり把握することができない費用のことをいいます。例えば，本社の人件費や賃借料，会社全体で使用するシステム使用料などが代表的な例です（これらをまとめて「本社費」という名前で呼ぶことも多いです）。

　これらの費用は，配賦基準を設定して，その基準に基づいて配賦計算を行います。「配賦」とは，共通費に対して，何らかの前提を置いて按分計算を行い，その結果を各部門に割り当てることをいいます。

　例えば，本社費が10億円かかっていて，4つの支店に配賦する場合を考えます。本社費というのは，支店からしてみれば売上を獲得するために本社から得ているサポートの対価ですので，サポートの量に応じて各支店に配賦するのが適切といえます。もし，本社から支店へのサポート量は支店の売上とほぼ比例

図表6-3　配賦の構図

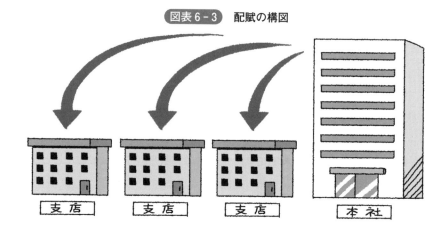

関係にあるようであれば，按分計算のもととなる配賦基準としては，売上が適切といえます。それ以外に，一般的な配賦基準としては，所属人数なども使われます。

また，配賦基準以外に，配賦金額に影響を与える要素としては，配賦のグループ単位があります。先ほどの例では，本社費総額10億円を配賦単位としていましたが，本社費の内訳に区分して配賦するという方法もあります。例えば，10億円のうち，7億円が人件費で3億円が広告宣伝費だったとしましょう。この場合，人件費は人数基準で配賦し，広告宣伝費は売上金額基準で配賦するという方法も考えられます。

このように，配賦のグループ単位を細かくすればするほど，計算の量が増えるため，実務の負担も増します。すると，解決策としてよくとられるのが，配賦機能が充実した会計システムの導入です。会計システムを使えば，勘定科目ごとに配賦基準を設定するなどとても細かい配賦計算が可能になりますし，計算の正確性は完全です。したがって，細かい配賦を行いたいのであれば，検討したい選択肢だと思います。

図表6-4 配賦の計算要素

要素	意味	具体例
配賦基準	按分計算のもととなる指標	売上，所属人数など
配賦グループ単位	同一の配賦基準を適用する母集団	一括（例.本社費），費目別（例.人件費，広告宣伝費）

4　本社費の配賦にはリスクがある

ここまで配賦を行うという前提でお話をしてきました。今一度あえてここで考えたいのは，本当に配賦は必要なのかどうかです。

通常，共通費の配賦を行う理由は，各部門は共通費も負担したうえで利益を

上げられているのかを確認することにあるといわれます。しかし，各部門は本当に共通費を負担するべきなのでしょうか。共通費というのは，名前のとおり，各部門の意思とは関係なしに発生する費用です。これを負担させてどのような効果があるといえるのでしょう。

(1) コストの配賦は「責任の配賦」につながる

　実は，本社費の配賦をとりやめた会社があります。本社費の配賦に対して，各部門から不満が出ていたことがきっかけですが，結果的には大成功でした。本社費は配賦されなくなったため，本社部門の損益計算書にそのまま残ることになり，その結果，本社費のコスト管理を徹底することができるようになりました。予算や前年との比較，そして同規模の同業他社との比較ができるようになったことで，本社費の多寡がこれまでよりもはっきりわかるようになったのです。

　従来は，本社費を配賦することで，按分された数字になってしまったうえに，発生させている本社部門以外に帰属することになってしまい，コスト責任が不明確になってしまっていたことが問題でした。つまり，**各部門ではどう頑張っても削減できるコストではありませんし，また按分された金額は何らかの仮定で計算されたもので，その金額自体，直接的な意味合いは薄いといえます。**そのままコスト発生部門である本社に置いておくことで責任主体が本社であることが明確になりますし，そして，実際に発生した総額には，実際に使った総額という意味があります。このように，「コストの配賦は責任の配賦」につながるリスクがあるといえます。

(2) 全員が納得する配賦基準はない

　また，配賦のもう1つのリスクとしては，**配賦方法に関する無意味なコミュニケーションが発生する**ことです。自部門の利益をより増やしたいがために，配賦基準を変えてくれるよう説得されるケースも見られます。

　配賦というのは，決まった総額を按分することになるわけですから，一方の

部門がよくなれば，他方の部門は悪くなるわけです。とすると，他方の部門がまた配賦基準を戻すように説得に来る……という無限ループとなります。このことから明らかなのは，**全員が納得や満足する配賦方法というものは存在しない**ということです。

すべての会社でこのようなリスクが顕在化するわけではないと思います。会社の風土，本社費の金額などいろいろな要因に左右されることでしょう。しかしながら，ここで**最も重要なのは，本当にこの管理会計の形式や方法が目的に照らして適切なのか，を考えること**です。この場合なら，「本当に配賦を行う意味があるのか」という点をきちんと問いましょう。

管理会計では，形式にとらわれて目的を見失ってしまうことがよく起こります。一歩引いて問い直すべき兆候として，システムが必要なほど手数がかかる，社内から不平不満が多いなどが挙げられます。そのような場面に直面したら，根本から大胆に考えてみるのもいいのではないでしょうか。

●第2節のまとめ
- 自社の部門別損益計算書が，同類と異類どちらのタイプなのかを理解しましょう。
- 事業部門の分け方の方針を明確にしましょう。
- 共通費の配賦のリスクを理解し，対応を考えましょう。

第3節　部門別損益計算書の扱い方

次に，予算管理のイベントと絡めて，部門別損益計算書の扱い方を考えていきたいと思います。

1　予算では，部門別損益計算書の作成は必須ではない

(1) 本当に必要なツールなのか

まず，予算作成においては，部門別損益計算書の作成は必須ではないと考えます。予算の章で説明したとおり，予算は達成すべき目標という位置づけです。トップダウン・アプローチで作成するものの，あまりに達成が難しい，現実からかけ離れた内容になっては困るので，ボトムアップ・アプローチも併用するという方法を紹介しました。

そう考えると，達成可能性に問題はなさそうと判断できるのであれば，特にボトムアップ・アプローチをとらなくていいともいえます。部門別損益計算書の作成は，「究極のボトムアップ・アプローチ」といえるものであり，正直なところ，かなりの工数を要します。したがって，費用対効果を考えると，原則として作成しない方向で考えたほうがいいかもしれません。

部門別損益計算書というのは，本章冒頭でお話したとおり，役割分担を明確にして実効性を高めるための「ツール」です。必要のないツールを使って管理しようとすると，管理会計部門と各部門の手数がかかることに加えて，各部門では「管理されている感」が強くなっていき，予算管理に非協力的になることも懸念されます。ですので，必要性が少ないと判断する場合には，作成しなくてもよいのです。

その代わりに，予算の章で説明したような勘定科目ごとに予算作成をその主管部門に割り当てるという方式が考えられます。例えば，広告宣伝部に対しては広告宣伝費の予算を作成してもらいます。つまり，予算作成のボトムアップ・アプローチは，横＝部門ではなく，縦＝勘定科目ごとに分担するやり方のほうが，一般的にはスムーズです。実績の部門別損益計算書が存在するからといって，必ずしも部門別損益計算書の単位で予算作成を依頼しなくてはならないわけではありません。

また，第7章で説明しますが，KPIごとに予算を割り当てるという方法もあります。**予算作成の目的は，あくまでも目標を明確にして進捗管理することで，期待する水準の業績を達成することです。この目的がかなうのであれば，予算作成の単位は問いません。**勘定科目単位やKPI単位でもよく，部門別損益計算書である必要は必ずしもないのです。

(2) 部門単位が多ければ作成したほうがいい

例外的に，予算の段階で部門別損益計算書を作成したほうがいいというケースも存在します。それは予算達成のために部門別予算が必須のケースということです。例えば，部門単位が数多くある場合や物理的に独立している場合が該当します。イメージしやすい例としては，数十以上の店舗を展開する小売業があります。

「連帯責任は無責任」といいますが，分担せずに多くの人で責任を果たそうとすると，お互い誰かが何とかしてくれるだろうと思って，自分は頑張らないという事態が発生します。また，各店舗にとって，例えば水道光熱費はどの程度に抑えればいいのか，という目安がないと成り行きで使ってしまいます。さらに，店舗数が多いと関係者も多いので，行動を軌道修正するのにも時間がかかります。したがって，このような場合には，**予算の段階である程度各人の役割分担やおおよその目安の水準を共有しておくことが効果的と考えます。**

このような場合に部門別損益計算書の予算を作成する方法としては，2種類

が考えられます。まずは，トップダウン・アプローチで作成した数字を，店舗数で均等按分するか売上比で按分する方法です。おそらくこの簡略版でも，目安や役割分担という目的は果たせると思います。

　もう少し厳密に作成したいということであれば，複数店舗を取りまとめたエリア別にボトムアップで作成するという方法も考えられます。エリアごとにエリアマネージャーなどの管理者が置かれていると思いますので，エリア別損益計算書の予算を作成してもらうのです。そうすることで，部門別損益計算書を作成することに比べれば手数が減らせ，かつエリアという単位を活用して分担することができます。

　なお，エリア別損益計算書をつくるために店舗別損益計算書を作成するかどうかは，各エリアマネージャーに委ねてもいいかもしれません。予算の達成に視点を置いたときに，役割分担や目安として外せないと考える場合にのみ，店舗別損益計算書の予算を作成するとよいでしょう。

2　部門別損益計算書はしっかり月次決算分析しよう

　予算作成においては，部門別損益計算書の作成は必須ではないと述べました。その代わりに力を入れるべきは，月次決算での分析です。

　予算や予測の部門別損益計算書を作成することに比べると，実績の部門別損益計算書をつくるのは，実は格段に簡単です。実績データのもととなる会計シ

図表6-5　部門コードの有効活用

ステム内のデータは、伝票起票の際に部門コードを入力することがほぼすべての会社で行われていると思います。つまり、すでにある情報ですので、新たな手数というのはほぼありません。そして、会計システムから部門別損益計算書を出力するのも、会計システムの機能として持っていることが多いと思いますし、なくても集計はそれほど大変ではないと思います。つまり、「ありもの」のデータである実績の部門別損益計算書を活用することは、効率的といえます。

具体的な分析としては、全社損益計算書で大きな予測実績差異が生じていた勘定科目について、部門別損益計算書を参照するという方法がいいと思います。つまり、チェックに活用する、それも必要な場面でドリルダウンするというやり方でかまいません。もし、特定の部門で予定外のコストが発生していることがわかったら、その部門に事情を確認します。

このように、**予算や予測の作成段階では工数をかけずに、実績の段階で月次決算分析に力を入れるのが、部門別損益計算書を活用するコツ**といえます。

図表6-6　部門別損益計算書を使った分析の手順

全社損益計算書　予測実績比較

	予測	実績	差異
売上	XX	XX	XX
広告宣伝費	XX	XX	XX
利益	XX	XX	XX

部門別損益計算書　実績

	部門A	部門B	部門C	部門D	合計
売上	XX	XX	XX	XX	XX
広告宣伝費	XX	XX	XX	XX	XX
利益	XX	XX	XX	XX	XX

3 予測では，部門別損益計算書作成の必要性は低い

　部門別損益計算書の作成は，予測の作成においてはさらにその必要性が下がると思います。四半期ごとに予測を作成している場合，年4回も部門別損益計算書を作成するのはあまりに手数がかかるためです。特に，部門別損益計算書を作成するとなると，現業部門などの協力が必要になります。したがって，予算での部門別損益計算書の作成以上に，その費用対効果を慎重に検討しましょう。

> ●第3節のまとめ
> ●部門別損益計算書は，月次分析に注力しましょう。

第7章

KPIのつくり方・管理のしかた

....

第1節　KPIの見つけ方・使い方
第2節　KPIの扱い方

第1節　KPI の見つけ方・使い方

1　KPI とは

　KPI とは，Key Performance Indicator の略称で，重要業績評価指標とも呼ばれます。日本語のとおりで，業績に大きな影響を与えるがゆえに評価すべき数値といった意味合いです。ベンチャー企業や外資系企業を中心に，近年 KPI の運用が進んでいるようです。

　例えば，製造業であれば 1 時間当たりの製造個数，小売業であれば坪当たり売上，サービス業であれば 1 人当たり 1 日当たりの接客人数などが代表的な KPI です。

　これらは，業績向上や改善に「効く」がゆえに，KPI とされている指標です。ということは，業種によって業務もコスト構造も異なるために，KPI はまったく異なります。逆に，同じ業種であれば似通ってくるともいえるので，自社内で KPI が特に設定されていないということであれば，同業他社や類似業種の実例は大きなヒントになると思います。

図表 7 - 1　業種別 KPI の例

業　　種	K P I 例
製造業	1 時間当たりの製造個数，仕損じ率，歩留り率
小売業	坪当たり売上，来店人数，買上げ率
サービス業	1 人当たり 1 日当たりの接客人数，リピート率
インターネット業	アクティブユーザー数（サイト利用者数），直帰率（特定のサイトページから次のページに進まない率）
業種共通	客単価，客数，受注率

2 KPIには，財務的KPIと非財務的KPIがある

　KPIは，財務的KPIと非財務的KPIに区分するとわかりやすいと思います。実務に落とし込むという視点で，財務との関連性が高いKPIと，財務との関連性が比較的低いKPIという意味合いで捉えてみましょう。具体的には，損益計算書から直接抽出できるKPIを財務的KPI，そうでないものを非財務的KPIということができます。

　例えば，損益計算書の勘定科目である売上を分解して直接抽出できる，客単価と客数は財務的KPIといえます。

　一方，非財務KPIには，労働集約的なサービス業におけるアルバイトの退職率や，広告宣伝費1円当たりのTV露出効果などが考えられます。これらの指標の共通点としては，損益計算書を分解しても直接は抽出されない指標であるものの，業績改善に間接的ではあるが効果的に働く指標であるという点です。

図表7-2　KPIの種類

KPI
- 財務KPI：勘定科目を分解して直接得られる
  - 例）客単価，客数
- 非財務KPI：勘定科目を分解しても直接は得られない
  - 例）アルバイトの退職率，広告宣伝費1円当たりのTV露出効果

　アルバイトの退職率が下がれば，サービスの品質が安定して売上が上がります。同時に，新規採用人数を減らすことができるため，アルバイト広告などの採用費に加えて，採用した人をトレーニングするトレーナーの人件費や本人のトレーニング期間中の人件費を減らすことができます。

　また，広告宣伝費1円当たりのTV露出効果も，大きければ大きいほど効率的に売上を伸ばすことができます。ちなみに，この指標は，TV番組で商品を取り上げてもらった場合に，その時間帯にCMを出稿した場合にかかるコストを広告代理店の報酬で割り返して計算されます。つまり，かけたコストに対

して何倍の広告効果があったのかを意味しています。

このように、アルバイトの退職率は複数の観点で業績改善に役立つため、とても効果がありますし、TV露出効果の指標も会社にとって重要な売上拡大に役に立ちます。

アルバイト退職率のような効率的に業績改善を可能にするKPIを見つけられると、利益管理がしやすくなります。**KPIは、指標の計算式や意味に加えて、業績改善にどのようにつながるのかをよく理解することが重要です。**

3 KPIの特性を正しく理解しよう

KPIに関する注意点としては、単位が多様である点が挙げられます。例えば、客単価は「円／人」、客数は「万人」、アルバイトの退職率は「％」（通常、総従業員数に占める1年間に退職した人数の割合で表現することが多い）、広告宣伝費1円当たりのTV露出効果は「倍」と、その単位はさまざまです。各KPIを正しく理解するためのコツとして、まず、なぜその「単位」なのかを丁寧に理解することが挙げられます。

例えば、退職率は％で表示されます。％で表示されるのは、分母と分子の単位が同じ場合に限られます。退職という事柄は「ヒト」に関わることなので、分母と分子に共通する単位は人数ではないかと想像することは難しくないと思います。全体を意味する人数（分母）に対して、退職した人数（分子）の割合ではないかと考えることができます。

もう1つ、KPIについて深く理解するためのコツは、「期間」を捉えることです。例えば、退職率の分子は、1年間という「期間」内に退職した人数を使うのが一般的です。当たり前の話ですが、アルバイトを含めすべての従業員はいつかは会社を退職します。ですから、退職についても、「一定期間内」という前提を置くことではじめて、どの程度退職が多いのか少ないのかという情報

が明らかにできるのです。

　一定期間の長さの決め方としては，退職率の例のように1年間といったわかりやすくキリがいい数字が用いられることが一般的です。

　また，別の観点として，自社のビジネスの性質に合った期間の長さというのも重要です。インターネット業界では，利用者数が代表的なKPIとされますが，対象期間を日次にするか，週次にするか，月次にするかは，会社が想定するサービスの性格によって異なります。例えば，ユーザーが毎日プレイすることが想定されるようなオンラインゲームであれば，日次の利用者数（Daily Active User, DAUと一般的に略される）が採用されています。また，検索サイトのような毎日というほどは使わないけれど，週に一度は誰もが使うのではないかと思われるサービスであれば，週次利用者数（Weekly Active User, WAUと略される）が適しています。

KPIの期間に注目することで，自社のビジネスの特性や動きを理解するきっかけにもなります。

図表7-3　KPI理解のポイント

　管理会計部門では，全社の業績につながる数多くのKPIを一手に扱います。そして，これらのKPIが必ずしも自分の業務経験に照らして身近なものとは限りません。このような状況の中で，KPIを「効率的に理解」するために，「単位」と「期間」に着目するのがコツです。

4　KPIの効果は，分担と進捗管理を可能にすること

KPIの効果は，大きく2つに分けられます。

(1) 分　　担

まず1つ目は，組織を構成する部門や個人ごとに仕事を分担させやすいことです。

先ほど，売上は客単価と客数に分解できると話しました。例えば，コンビニエンスストア業界を例に考えた場合，客単価に貢献できる部署と客数に貢献できる部署は異なります。

客単価を上げるためには，置いている商品自体の単価を変えなくてはなりませんので，商品部の判断が大きく影響します。また，買上商品点数を伸ばすために，レジ周りに手ごろな値段の商品を配置するような場合には，ビジュアルマーチャンダイジングと呼ばれる商品配置や陳列方法を担当するマーケティング部門にも頑張ってもらう必要があるのかもしれません。

一方，客数を増やすためには，出店する店舗の場所を慎重に選ぶ必要があるでしょうし，よく目立つ店舗の看板があったほうがいいかもしれません。

また，別の例として，人件費があります。コンビニエンスストアでは多くのアルバイトが主体となって働いていることから，時給と時間数に分解するのが一般的です。時給は本社からガイドラインが示されていることが多い一方，アルバイトに働いてもらう時間数は各店舗の店長の裁量によることがほとんどです。

このように，売上や人件費など単一の損益計算書の勘定科目に対して，複数の部門が関わっている場合には，KPIを通じて目標達成のための活動を分担するのです。売上＝営業部門と単純に担当部門を割り当ててしまうのは，正しい役割分担にならない場合があるということがわかります。KPIという形で分けることで，お互いの守備範囲（誰が何を頑張るのか），目指すべき程度（どの

くらい頑張るのか）が見えやすくなります。

(2) 進捗管理

また，もう1つの効果としては，進捗管理が挙げられます。守備範囲と目標レベルをお互いに明らかにした後，実際の進捗がどうなのかを把握することはKPIを用いることで容易になります。目標自体が数字で設定されているため，現在の実績がわかれば，あとどれだけ頑張ればいいのかを客観的に把握することができます。KPIは数字であるがゆえに，進捗管理の有用性が高いのです。

また，KPIは業務のみならず，会社の戦略とも親和性がとても高いといえます。例えば，リピート客を増やすという会社戦略を持っていたとしたら，売上を構成する延べ客数をさらに分解して抽出される純客数や来店頻度をKPIに設定すべきです。そのうえで，来店頻度を上げることを目標にし，会社戦略と整合した形で業績向上を目指すことが可能になります。

以上のとおり，KPIは予算達成の進捗管理上とても重要なツールといえます。

5 コミュニケーションを通じてKPIを見つけよう

それでは，KPIはどのように見つけたらよいのでしょうか。ここでも前述したKPIの分類に基づいて，財務的KPIと非財務的KPIに分けてみましょう。

(1) 財務的KPI

まず，財務的KPIですが，損益計算書を分解することで出てくるものということでした。では，どのように分解するか。その切り口は，やはり担当する**各部門にヒアリングすることが必要**だと思います。

例えば，営業部門は売上を上げることが役割になっているので，どうすれば売上が上がるのかということについて社内で最も知識があります。そこで，彼らがどのように分解しているのかを聞き，それをそのままKPIとして活用するという方法です。また，業界の情報や同業他社のKPIを参考にするのも手っ

取り早いと思います。

　このように，損益計算書を参考にしながら，上手に社内外のリソースを活用して財務KPIを見つけるのがよいでしょう。

(2) 非財務的KPI

　次に，非財務KPIを見つけるためには，これは各部門とのコミュニケーションが財務的KPI以上にさらに重要になります。というのも，**損益計算書をいくら眺めていても見つからない，想像もつかない指標であることも多い**からです。

　例えば，前に紹介したアルバイトの退職率がまさしくそれに当たります。このような指標が業績改善につながるとわかっているのは，おそらく直接業務を担当している各部門のみなさんだと思います。それも，長年の業務経験から導き出された「肌感覚」であることが大半でしょう。この肌感覚に基づいて教えてもらったうえで，損益計算書および財務的な観点から本当に業績改善に効くのか，どのような理由で効果があるのかを，管理会計部門では確認してみましょう。そのうえで，やはり因果関係があると判断できれば，非財務的KPIとして設定できます。

　したがって，このような「肌感覚」の情報を教えてもらうことが，KPIを把握するためにまず実施すべき，そして最も効率的な方法といえます。ただし，このような核心に迫るコミュニケーションは一朝一夕にできるものではありません。具体的な方法は第9章で後述しますが，コミュニケーションの工夫を通じて，各部門との協力関係を構築することでようやく得られるものだと思います。

6　戦略次第でKPIは変わる

(1) 戦略や業務に合致したものを選ぶ

　いくつか見つかった中から，管理すべきKPIを選ぶときに重要なのは，戦

略や業務に合致したものを選ぶという視点です。

　KPIの候補となる指標は社内に多く存在しますが，トレードオフ関係にあるものも多くあります。例えば，売上を分解して得られる客数と客単価が代表例です。客数を増やそうとすると，手っ取り早い方法としてまず客単価を下げることを思いつきます。このように，両者を同時に改善することは難しいのです。ではどうするかといえば，優先順位を付けて，改善を図るのです。例えば，マクドナルドでは，2000年代に，まず客数の増加を目指し，その後に客単価の上昇を目標とする順番で取り組んでいました。

　KPIを設定することは，これに本気で注力するという宣言になります。したがって，**戦略の方向性に合致したものを選ばないと，頑張ってKPIを達成したとしても，描いていた戦略のとおりには経営が進まなかったという事態になりかねません。**もし，経営戦略を担当するのが経営企画部門など別の部門の場合には，特にこの点をきちんとすり合わせることが重要です。

(2) ある外資系IT会社の例

　また，会社の位置づけによってもKPIは変わります。例えば，ある外資系IT会社の日本法人では，本国にある親会社から課されているKPIは，受注額・コスト・人員数であり，損益計算書上の利益では評価されないという話を聞いたことがあります。

　利益は評価の対象外ということです。もし，利益をKPIにしてしまうと，予算で目指していた利益の達成が難しいとわかったときに，削減しやすいコストを削ることで達成を目指してしまうかもしれません。そのような短期的な対応を防ぐためということでした。

　また，受注額については，会計上の売上額はKPI上の評価対象外となっているそうです。受注から売上計上まではタイムラグがあり，さらにそのタイミングは会計的な考え方によります。しかし，これでは営業部門にとってわかりにくいため，行動とタイミングが近い受注額を使うということでした。

　本国の親会社が，日本法人に期待しているのは，付け焼き刃の対応で絞り出

図表7-4　外資系のKPIの例

せる短期の利益ではなく，中長期の成長ということが背景にあります。興味深いのは，コストや人員数は必ずしも少なくなればいいというわけではないということです。**適切と考える水準に照らして，上下いずれに乖離したとしても望ましくないので，そうならないようにモニタリングをしている**ようです。

7　KPIを効率よく管理する

同じ管理会計のツールでも，会計システムから出力される部門別損益計算書に比べて，KPIは管理会計部門にとってややなじみが薄いかもしれません。むしろ営業など現業部門のほうが，KPI管理には慣れているケースもあると思います。そこで，KPIを効率よく管理するためのポイントをいくつか確認したいと思います。

(1) 1つのKPIは1つの部門で管理する

まず，同じKPIを計算する部門は社内で1つだけにすることを強くおすすめします。例えば，売上に関するKPIは重要でかつ経営者も気にするので，管理会計部門でも手元データとして管理していることが多いかと思います。しかし，売上を稼ぐ営業部門でも同じくこのデータを別で管理しているケースをよく見かけます。つまり，同じ売上KPIについて，データベースが社内に2

つあるということです。

　なぜ、このような状態が望ましくないかといえば、**同じ作業が重複することで人件費などのコストが二重に発生すること**がまず挙げられます。さらに、2つデータがあると、**数字が相違してしまうケースが頻発し、その都度、相違内容や金額を確認しなくてはならない**という骨が折れる作業が発生するためです。

　そこで、このような相違がそもそも発生しないようにするためにも、1つのKPIは1つの部門で計算・管理して、それを全社で共有するという方法が最適といえます。

(2) シンプルに定期的にデータを提供する

　さらに、KPIの計算式は簡単に、計算要素も容易に入手できるデータにすることが望ましいといえます。実務においては、「○○は含むまたは含まない」といった細かい点をどう扱うかの定義をしないと、KPIの計算ができないということがあります。ただ、細かく定義することで、KPIデータの提供スピードが遅くなる傾向は否めません。そこで、**できる限りシンプルにすることで、タイムリーにデータを提供して役立たせられるように**しましょう。

　また、**KPIデータを提供するタイミングや頻度は一定にすることが重要**です。気まぐれに数字が出てきたり出てこなかったり、そのタイミングがバラバラだと、提供を受ける側としては使いづらく、業務に活用するのが難しくなってしまいます。そこで、これにはインフラの整備も必要ですが、リズミカルに提供できるよう心がけましょう。

> ●第1節のまとめ
> - 業績改善に「効く」非財務的KPIを見つけましょう。
> - 自社の業種や戦略に合ったKPIを設定しましょう。
> - 1つのKPIは1つの部門だけで管理しましょう。

第2節　KPIの扱い方

それでは，管理会計の各イベントの中で，KPIをどう扱えばいいのでしょうか。

1　予算でのKPIへの落とし込みはとても重要

まず，予算についてです。結論からいうと，KPIは予算に落とし込むべきといえます。落とし込むというのは，予算の前提となるKPIの種類を特定し，具体的な数値を設定することを意味します。そうすることで，年度途中の早い段階で，予算に対する進捗度合いが確認できます。

予算の章で，予算は目標として達成すべき水準を意味しているだけではなく，役割分担を明確にする役割があるという話をしました。売上総額という漠然とした水準ではなく，KPIを通じて各部門の業務に結びついたより具体的な形で目標を決めることが必要です。すでに述べたKPIの特性を活かして，売上総額ではなく売上に関するKPIを予算の前提として設定することで，役割分担をより明確にすることができます。

重要な科目のつくり方として，乗算型の話をしました。乗算の構成要素がKPIになることも多いので，その意味において，すでに予算でもKPIを織り込んでいることが多いはずです。

ここでは今一歩進んで，計算の構成要素とするだけではなく，**個別に取り出して明確に担当部門に共有したり，年度途中でも進捗管理したりというKPIとしての扱いをすることも大事**です。特に，売上をはじめとする自社のビジネスにとって重要な科目については，関連するKPIを抽出して予算に組み込むべきです。

なお，その種類は，財務的KPIでも非財務的KPIでもかまいません。**重要な科目に影響を与え，最終的に利益に効率的に貢献するものであればよい**のです。

2　KPIの月次決算分析は予測との乖離幅次第

　次に，月次決算分析でどの程度KPIを扱うかを考えます。予測と実績が大きく乖離していない場合には，それほど注力して確認する必要はないと思います。

　一方で，残念ながら予測と実績がある程度乖離している場合には，今後の行動計画の見直しを早期に実施すべきといえます。ただ，予測のスケジュールについて説明したとおり，行動計画の変更に時間的余裕が持てるように，実績数値が確定した月次分析のタイミングではなく，できる限り予測作成の段階で対処することが望まれます。つまり，月次分析での予測実績比較というよりも，予測の見直しに力を入れましょう。

　したがって，**月次決算分析でのKPIの分析は，あくまでも参考程度の分析ということでいい**と思います。

3　KPIの予測には力を入れるべき

　KPIは，予測の段階に重点を置くことが重要です。この点は，部門別損益計算書と大きく異なる点です。

　KPIは改善するのに時間を要するものも多く，月次決算で実績数値が締まった後で改善を考え始めるのでは手遅れとなってしまいます。また，KPIは通常，各部門が日常業務の中でもよく意識して使用しているものであるため，予測を作成することがそれほど難しいことではない場合も多いといえます。

　したがって，リードタイムの存在を踏まえて，予測の段階で直近のトレンドを踏まえつつ，現実的なKPI予測を行うとよいでしょう。これができると，実際に予算との乖離が発生している場合にも，予測の段階で改善計画を策定し，実行に移すことができます。

　具体的な流れとしては，KPIの実績数値について月次分析で検討したうえで，

KPIの年度ベースの予測を作成します。**そのKPIの予測をKPIの予算と比較することで，KPIの予算が達成できるのかが確認できます。もし達成できなさそうということがわかれば，各部門に改善に向けた行動をとってもらうことができます。**

図表7-5 KPI予測フォーマット例
（売上KPIとして客数と客単価を10月時点で予測する場合）

			4月	5月	6月	7月	8月	9月	10月	11月	12月	1月	2月	3月	1Q	2Q	3Q	4Q	1H	2H	年度
KPI	X0年	客数(千人)	X,XXX																		
		客単価(円／人)	XXX																		
		売上(千円)	X,XXX																		
	X1年	客数(人)																			
		客単価(円／人)																			
		売上(千円)																			
	X2年	客数(人)																			
		客単価(円／人)																			
		売上(千円)																			
成長率	X1年	客数	+X%																		
		客単価	+X%																		
		売上	+XX%																		
	X2年	客数																			
		客単価																			
		売上																			

実績　予測

4　KPIには，「ストック型」と「フロー型」の2つがある

　予算，月次分析，予測の段階ごとに，KPIを見てきました。それぞれの段階でKPIを扱ううえで考慮すべきKPIの型があります。それは，「ストック型」と「フロー型」です。

　「ストック型」とは，客単価のように期間を通じて比較できる数値をいいます。一方で，「フロー型」とは，客数のように時間の経過とともに積み上がっていく数値をいいます。予算のつくり方の説明に出てきた乗算型の分解をした場合には，この2種が登場します。

　この定義を踏まえると，「ストック型」のKPIは検討時点の実績数値をベースとして予測を検討しやすいといえます。例えば，**図表7-6**の例では，客単価が「ストック型」KPIです。**図表7-7**では，半年累計の実績は600円という

図表7-6　KPIの型

KPIの型	例
ストック型	客単価，時給
フロー型	客数，時間数

図表7-7　KPIと予算・実績・予測の例

種類	予算	実績	予測
期間	年度	半年累計	年度
客単価	700円	600円	650円
客数	10万人	6万人	11万人

ことなので，その水準をもとに予測を立てることができます。具体的には，下半期は700円程度と高単価に転じる要因が予定されているのであれば，それを考慮して650円程度と年間予測をします。

一方の「フロー型」のKPIの例として，図表7-6では客数を挙げています。図表7-7では，6万人が半年累計の実績なのですが，「フロー型」の特徴として，年度の予測とは数字の規模が異なる点があります。つまり，半年累計の6万人よりも年度の数字はさらに増加すること（この例では11万人）が確実に見込まれるということです。

しかしながら，「フロー型」の場合も，「ストック型」同様に累計実績（この例では上期）の数字を参考にすることはできます。例えば，下期は上期ほど客数が伸びないと考えているのであれば，上期の6万人よりも下期は5万人と控えめに予想するといった次第です。

このように，**それぞれのKPI型による性質を理解したうえで，月次分析および予測の作成を行う必要があります。**

●第3節のまとめ
- 予算の段階で，KPIまで落とし込みましょう。

第8章

管理会計の仕組みづくり

第1節　管理会計の仕組みづくりの方針
第2節　具体的な仕組み

第1節　管理会計の仕組みづくりの方針

1　管理会計の仕組みは3つの要件を満たすべし

(1)　スピードと正確性

　管理会計の仕組みに必要な観点は，大きく分けて2つあります。1にスピード，2に正確性です。
　あなたが営業部門の担当者の立場だったとしましょう。自分の上司である営業部長に，客単価と客数の複数年分の推移データを管理会計部門から入手するように頼まれたとします。この場合，管理会計部門から受け取ったデータが，1年前に入手したデータと比べて，同じ期間にもかかわらず数字が一致していなかったら，あなたはどうしますか。もしくは，用意するのに1週間かかるといわれてしまったら，データを入手して営業戦略を早急に検討したいと思っている自分の上司になんて伝えたらいいのでしょうか。このように，**相手が最も期待していることが，多くの場合，正確性とスピードにある**といえます。
　また，ここまでじっくり見てきた管理会計の年間イベントにおいても，正確性とスピードは大事でした。正確なデータでなければ，会社全体の方向性を誤った方向に導いてしまうかもしれません。そして，数字の用意に時間がかかれば，アクションを考えたり実際にアクションを実行したりする時間がその分少なくなってしまい，せっかくいいビジネスアイデアや投資案件があったとしても，他社に持っていかれてしまうかもしれません。このように，**正確性とスピードが不十分だと，せっかく業務を行っても台無しになってしまいかねない**のです。

(2) 依頼者とそのニーズ

　では，管理会計部門としては，具体的にどのくらいのレベルを目指せばいいのでしょうか。もしあなたが，経営者から，全社損益計算書から段階利益と主な費用を抜粋した形で今年の着地見込みも含む5年分の推移がほしいと言われたら，どのくらいの時間で資料をまとめて提供できるでしょうか。業務の忙しさや相手の期待など状況にもよるとは思いますが，**できれば30分くらいで提出できることを目指したいところです。**

　30分というのはあまりに短いと思われた方も多いでしょう。具体的な対処方法は後述しますが，ここでまず理解してほしいのは，管理会計部門にデータ提供を頼んでくるのは，経営者や部長などの経営管理層が多いという点です。気をつけなくてはいけないのは，各部門の担当者が頼んできている場合でも，**その先にいる実際の依頼者は経営層であることがほとんどですので，依頼を受けるときには常に「真の依頼者」を確認する習慣をつけましょう。**それによって，資料の提供タイミングや形式を変える必要があるためです。これは，役職による差別ではなく，**会社としてリソースの活用を最大化し，業績の改善を目指すためには必要な対応です。**

図表8-1 管理会計の仕組みに必要な3要件

① 提供のスピードが速い
② データが正確である
③ 経営者や各部門のニーズを満たす

2　仕組みが抱える課題はどの会社でも似ている

　話をもとに戻しましょう。経営層からの「全社損益計算書から段階利益と主な費用を抜粋した形で今年の着地見込みも含む5年分の推移がほしい」という依頼に30分以内に応えるために，実際に課題になるのはどのようなことでしょ

うか。

　そもそも，30分という時間では厳しいという声が挙がってきます。この時間制限の中で5年分を対応するとなると，会計システムからデータを落としていては間に合わない可能性が高いといえます。また，会計システムに関連して，時間がかかることに加えて，正確なデータが出せないリスクを考えたほうがいいと思います。会計システムから数字を落とす場合というのは，企業コードや部門コード，会計期間などを設定してダウンロードする必要があることが一般的です。この設定が意外に複雑で，ダウンロード時の設定内容が人によって異なった結果，誤った数字が用意されるという経験をお持ちの方もいるでしょう。

　さらに，実績のデータの持ち方と，予算や予測のデータの持ち方が異なるため，両者を並べるのに調整が必要という状況にも多く出くわします。例えば，予算や予測など管理会計に用いている損益計算書のフォーマットと実績の損益計算書のフォーマットが同一ではないため，これを1つの資料として並べるためには，じっくり見比べる時間が必要な場合がしばしば見受けられます。具体的には，会計システムから出力した帳票と，手元にあるエクセルの間で，勘定科目名が少し異なっていたり，行が余分に入っていたりという会社があります。形式的なごくささいなことが，実は作業の効率に与えている影響は大きいのです。

　より重大なケースとして，最終確定した損益計算書の数字が管理会計部門内に保管されていないケースも意外に存在します。前述したとおり，これは管理会計における将来数値の精度を上げるための必須情報がない状態といえますから，その観点からも望ましい状況ではありません。

　これらいくつものハードルをようやくクリアしたとして，今度は提出するフォーマットをどのような形にするのかで時間がかかってしまうケースがあります。例えば，経営者がどのようなフォーマットを望んでいるのかがわからないため，ゼロから試行錯誤しながらフォーマットを検討するのです。

このようにいくつも大きな課題を抱えている場合，ひょっとしたら，このリクエストに応えるには，2～3日の時間を要する可能性すらあります。これだけ時間がかかることで，経営者の意思決定が遅れることは会社として大きな問題です。同じ資料が30分で用意できる会社と，2～3日かかる会社で，どちらが事業を進めるうえで有利かといえば，火を見るよりも明らかです。

さらに，管理会計部門にとっても，突然発生した予定外の作業にこれだけの時間を割くことになると，当初予定していた作業が遅れることになり，その影響で別の面からも会社全体の意思決定に悪影響を及ぼす可能性があります。このように，管理会計部門の業務に何重にも影響してくるため，手早く対応することはとても重要なことだとおわかりいただけると思います。

図表8-2　仕組みに関してよくある課題

- データが手元にはなく，システムの中にある
- 実績数値と将来数値（予算と予測）ではデータの形式が異なる
- 提出するときの形式やフォーマットが決まっていない

3　課題に対する解決の方向性を持つ

それでは，上記の課題に対してどのように解決していったらいいのでしょうか。ここでは，それぞれの課題に対して，解決のための方向性を整理したいと思います。

(1) データが手元にはなく，システムの中にある

システムの外に，エクセルなどの形であらかじめ保存しておくのがよいでしょう。 そうすることで，前述した問題点であるダウンロードに時間がかかったり，不正確なデータをダウンロードしてしまったりという問題を回避できます。

ダウンロードしたうえで，きちんとデータベースとして位置づけることが運

用上は重要です。つまり，データが更新されるたびに最新情報を同じ形式で追加し，その情報を周囲と共有します。例えば，毎月最新データが作成される例として月次損益計算書があります。この場合，月次決算が確定したらすぐに反映します。そして，毎月の損益計算書の数字が1年分横に並んでいるといった形式のフォーマットがあらかじめ用意されているのが理想です。なお，予測の章で紹介した月次損益計算書を毎月実績に更新していくことで，このような形式の帳票はできあがります。このように帳票を何重にも活用すれば，追加の手数は発生しません。

また，このように作成されたデータは個人のパソコンの中に保存するのではなく，**管理会計部門内で活用できるように共有すべきです。誰もがわかる場所（フォルダ）に，わかりやすい名称を付けて保存します。**

なお，会計システムからダウンロードするのに手間もかからず，間違えるリスクも小さいという環境であれば，特にこの点に対応する必要性は低いかもしれません。

(2) 実績数値と将来数値ではデータの形式が異なる

この問題は数多くの会社が抱えていると思います。実績の数字は会計システムの中にあり，管理会計の将来数値（予算と予測）の数字はエクセルとして保管されているというケースが圧倒的に多いのではないでしょうか。この背景としては，経理部門と管理会計部門というように組織が分かれていることが挙げられます。加えて，予算や予測の数字を作成する前提となる情報が多様なため，管理会計のシステム利用が困難であることもその理由です。

そうであれば，先ほど実績の数字を会計システム外にデータベース化して保管するという話をしましたが，そのデータベースとまったく同じ形式（様式）にて管理会計の数字を保管するとよいでしょう。後ほどフォーマットは紹介しますが，実績と管理会計の枠組みを越えて同一様式を採用することで，経営者などからの依頼に対する対応スピードは大幅に改善します。

(3) 提出するときの形式やフォーマットが決まっていない

　上記2つの課題はデータの中身の話でしたが，これはフォーマット，つまり提出形式の話です。いくらデータが手元に早く集まったとしても，提出する形式がなかなか決まらなくては意味がありません。そこで，**提出する形式についても，定型フォーマットを用意し，部門内でそれを運用することをおすすめします。**

　定型フォーマットとは，各項目の配置場所（タイトル，サマリなど），フォント，配色，金額単位，項目の並び順（例えば，前期，当期予算，前回予測，今回予測の順番で並べるなど）など形式に関する事項をいいます。今回の例のように簡略化された損益計算書ということであれば，経営者に提出する場合の集約化された勘定科目名，それと含まれる通常勘定科目の対応関係をあらかじめ定めておくのが効率的です。

図表8-3　課題と解決の方向性

課　　題	方　向　性
① データが手元にはなく，システムの中にある	システム外にデータベースとして整備する
② 実績と管理会計（予算と予測）ではデータの形式が異なる	同一インフラに予算，予測，実績を同一形式で保管する
③ 提出するときの形式やフォーマットが決まっていない	定型フォーマットを用意し，部内共有と運用を徹底する

　これらの取り組みは，管理会計のインフラづくりとも言い換えることができます。**インフラが強化されることで，正確さに加えてスピードが大きく変わってきます。**管理会計の年間イベントに対応するだけでも多忙だと思いますが，**時間を見つけてこれらの点に投資することは，大きな見返りが確実に期待できます。**

●第1節のまとめ
- 管理会計の仕組みづくりは提供のスピードを最優先しましょう。

第2節　具体的な仕組み

　仕組みに関する課題解決の方向性を通じて，仕組みづくりの方針を見てきました。ここからは，具体的なフォーマットや作業内容に触れていきたいと思います。

1　会計システム，データベース，報告用資料の3ステップで構成しよう

　管理会計業務では，多様かつ膨大なデータを扱います。そのため，これらをどのように管理するかによって，業務全体の効率に大きく影響してきます。そこで，以下のような大まかな流れを意識して整理するとよいでしょう。

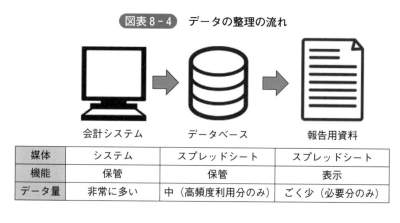

図表8-4　データの整理の流れ

媒体	システム	スプレッドシート	スプレッドシート
機能	保管	保管	表示
データ量	非常に多い	中（高頻度利用分のみ）	ごく少（必要分のみ）

　元となるデータは多くの場合，システムから出力されます。具体的には，財務数値であれば会計システムから，社内で普及しているKPIであればデータウエアハウスシステムから出力されるのが一般的でしょう。経理財務部門が使用する業務システムは，平均4つという話を聞いたことがあります。筆者の経

験からもそのくらいでしょう。

　これらをもとに作成するファイルとして，管理会計部門内では2種類のファイルを用意するのがいいと思います。データベースと報告用資料です。データベースとは，前述したとおりシステムから出力すると時間もかかり間違えるリスクもあるので，必要なデータを取り出しやすいようにシステム外で保管するためのファイルです。また，報告用資料というのは，データベースをもとに，経営者などの利用者に合わせてデータが見やすい形式や体裁で提出するファイルです。

　実務においては，データベースと報告用資料が混在しているケースが散見されます。冒頭の例でいえば，5年分の損益計算書を依頼されたときに，データを会計システムからダウンロードしてきて，それを報告用資料に直接加工するという方法です。この方法だと，同様の依頼が来たときに再度ダウンロードする時間がとられてしまうことがまず問題として挙げられます。さらに，この例では，集約した形の損益計算書で提出することが必要なので，どのように集約したかの痕跡がわかりにくくなってしまい，次の機会に活用しづらいという問題が生じます。

　しかし，データベースと報告用資料を分けることで，これらの問題が解決されます。一見，2種類のファイルを作成することは非効率に思えるかもしれませんが，**まさに「急がば回れ」で，次回以降がぐんと楽になるのです。**いわば，**この余分にかかる時間は，費用ではなく投資といえます。**

2　データベースは設計が大事

(1)　データベース化すべきものを特定する

　まず，データベースとして保管すべきデータを決めることから始めましょう。解決の方向性の1つ目で述べましたが，いったんデータをシステム外に出力するのにももちろん手数はかかります。そこで，必要性が高いものからデータ

ベースにすべきです。

　どれを選ぶかは,「2：8の法則」が参考になると思います。「2：8の法則」とは,パレートの法則ともいわれ,経済学に出てくる考え方です。売上金額の8割を構成するのは売上上位2割の商品品目で,残り2割の売上は8割もの商品品目で構成されるという現象を示した言葉です。このことから何がいえるかといえば,すべてのものが同じように売れるわけではないので,効率的に売上を伸ばしたいのであれば,上位を占める2割に注目するのがよいということです。

　これをデータベース管理に当てはめてみましょう。管理会計部門は数字に関してさまざまな依頼を受けますが,よく調べてみると,その内容には偏りが見られるのではないでしょうか。これまでの分析結果から,どの会社でも売上に関する依頼が圧倒的に多いです。これは金額が大きいことと利益に与える影響が大きいためと思います。また,費用では,広告宣伝費や交通費に関する依頼も多いです。これらはコスト削減が必要になった場合によく依頼されます。なぜなら契約に基づく賃借料などと異なり,意思決定により,短期間に削減することがある程度期待できるためです。そこで,いったんすべてのデータの依頼に応えようとするのはやめて,おおよその依頼,つまり8割程度に応えることを目指してみましょう。そのためには,依頼の8割はどのような内容なのかを把握するようにすることが大事です。

　これは,実店舗と通販部門を有するある小売業の例ですが,以下の5つのデータベースを揃えることで,実際に8割の依頼に応えることができるようになりました。「効く」データベースを特定できさえすれば,データベースの活

図表8-5　5つのデータベースで8割の依頼をカバー(小売業の例)

①	全体月次損益計算書
②	店舗別月次損益計算書
③	実店舗売上週次KPI
④	通販売上週次KPI
⑤	商品原価率月次内訳

用の半分は終わったようなものです。**使用頻度が高くないデータをデータベース化しても意味はなく，更新を含めて手間ばかりかかるだけです。対象データの選別がとても重要**ということは理解してもらえると思います。

(2) データベースの中身の数字を決める

次に，対象とするデータが確定したら，各データについて予算，予測，実績すべての種類の数字を同一形式で用意できるのか，という問題が生じます。データベースの運用は，実際に続けられないと意味がないので，**まずは実績のデータのみを対象として，データベースの運用をスタート**するとよいでしょう。その理由としては，予算や予測を作成する際の前提はそれほど細かく用意されないことがあるからです。特に KPI の場合には予算や予測が存在しないことも考えられます。つまり，実際の活動結果である実績の内訳ほどにはデータがそもそも存在しないことも多いのです。

そのデータが，データベースの作成が必要なほど重要であれば，予算や予測の数字も作成すべきという声が聞こえてきそうです。理想としてはそのとおりです。ただ，実際にそれを作成するのには，各部門の協力が必要になるなど**一朝一夕にはできないことも多いので，今後対応していきたい内容として置いておくのが実務としてはいいと思います**。したがって，まずは割り切って実績数値に限ったデータベースの運用からスタートしましょう。

(3) データベースの形式が効率を大きく左右する

① 完全同一形式のフォーマットを使う

データベースの形式ですが，実績に加えて予算や予測なども対象とする場合や実績を複数年分持つ場合には，完全同一形式のフォーマットを使うことを強くおすすめします。こうすることで，大幅な効率化とスピードアップにつながることが確実だからです。

例えば，**図表 8-6** のように，全社損益計算書のデータベースにおいて，前年，予算，今年実績と 3 種類のシートを作成しているとします。もし，前年シート

図表8-6 データベースフォーマット

```
PL データベース_今年実績
  PL データベース_予算
    PL データベース_前年
                ┌───┬───┬───┬───┬───┬───┬───┬───┐
                │4月│ … │3月│年度計│Q1│Q2│Q3│Q4│
                ├───┴───┴───┴───┴───┴───┴───┴───┤
      売上
      売上原価                                        完全に
      売上総利益                                      同じ
      販売管理費                                      フォー
        ⋮                                           マット
      営業利益
        ⋮
      経常利益

      税引前当期純利益

      当期純利益
```

において4月の売上がExcelなどのスプレッドシート上のセルB4に入力されているとしたら，予算シートと今年実績シートにおいても，4月の売上はセルB4に入力されている状態を用意するということです。

　ちなみに，Indexなどの関数を使えば同じ種類の数字がすぐに拾えると思われる方もいるかもしれません。確かに関数の活用も選択肢として考えられますが，**データベースにとって重要なのは「誰もが簡単に」使いこなせることです。**関数を使うのと，シートそのものが物理的に同一であることを比べると，どちらが簡単かは明らかだと思います。

　このように，誰もが簡単に活用できるデータベースという目的に照らすと，関数を使って自動化することよりも，シートの体裁を完全同一にするという極めて原始的な対応のほうが適している場合もあります。つまり，目的次第でベストな対応方法をとるという観点も重要です。

　報告資料で，4月の売上について前年，予算，今年実績と3種類を比較する場合を考えてみましょう。売上データの数字は，3種類のシートすべてからセルB4をリンクさせればよいのです。そして，例えばこの報告資料の5月版を作成する必要が出てきたら，リンク元のセルをセルB4からセルC4に一斉に

置換することで，一気に数字は更新されます。また，すべて同じセルを参照していれば，リンクを貼り間違えるというリスクも格段に少なくなります。

もし，今年度勘定科目が追加されたなどの場合には，少し手間ですが，すべてのシートに行を追加してください。つまり，すべてのシートのフォーマットを最新に更新するということです。こうすることで，先ほど説明したような報告資料作成や更新のスピードアップが図れるため，いっときの多少の手数を投資としてかける価値は大きいといえます。

② リンクの貼り付けを活用する

また，会計システムなどからダウンロードしたデータからこの形式へ転記することも，リンクをうまく活用することで，毎月のデータ更新作業を効率的に行うことができます。例えば，全社損益計算書のデータベースの実績の数字は，会計システムからエクセルなどの形式でダウンロードしてきて転記するという作業の流れになると思います。ダウンロードされた形式はシステムが定義したものですので，ほとんど変わることがありません。そこで，この元データからデータベースにリンクをいったん貼れば，次月以降はそのリンクを置換するなどうまく活用することで，一斉に元データを更新できます。

決して，目視で同じ項目を確認して，コピー＆貼り付けを繰り返すことでデータを転記するということはしてはいけません。データベースのように定期的に更新することが必要な場合には，いったん確認した「どこに何を転記する」という対応関係をリンクという形で残し，それを毎回活用することを確実に行いましょう。そうすることが，データの正確さを維持することにもつながります。

(4) データベースの更新方法まであらかじめ決めておく

元データからデータベースへの転記作業は，ルーティン作業の一環としてあらかじめ組み込んでおくことが大事です。例えば，全社の月次損益計算書であれば，月次損益計算書が確定した直後にデータベースへ転記するという作業を，

月次決算の作業リストに載せておきます。前述のように，あらかじめ前回のリンクを残しておけば，前回と別の担当者がこの作業を実施するとしても，同じ内容で実施することができます。これにより，作業時間を大幅に削減すると同時に，誤りの発生を防止します。

さらに，同じ内容のデータベースは社内で1つだけにすることが，実務上はとても大事です。これは，KPIの章でも述べました。社内に複数のデータベースがあると，必ずといっていいほど数字のずれが発生します。ずれが発生すると，どちらかの数字は間違っているはずなので，部門長や経営者を誤った意思決定に導いてしまう可能性がありますし，実務的にもそのずれの原因を調査するという，考えただけでも気が重い作業が発生してしまいます。

このような事態を避けるためには，**社内に1つだけのデータベースを用意し，すべての部門がこれを参照する**ことです。実務的には，どの部門が作成を担うのかが問題になるかもしれませんが，もともとやっていた業務なので，管理会計部門が引き受けても問題は少ないのではないかと思います。

最も早く必要な部門に合わせて作成する必要があるため，もしかしたら少し急いでデータベースの更新をする必要があるかもしれません。たとえそうだとしても，前述した原則のとおり，元データの数字が確定次第データベースに入れることが，活用を前提とすると望ましいため，難しい話ではないといえます。何よりも，不整合が起きた場合の調査などは経営上何も役に立たないことであり，不毛な作業が避けられることは会社全体にとってもメリットは大きいといえます。

以上のとおり，データベースを活用することで，管理会計部門はもちろん，会社全体が正しい数字をすぐに利用できるような仕組みのベースを整えることができるのです。

3　報告用資料はデータベースと切り離す

データベースの運用が回り始めると，いつでも報告用資料を作成することが

可能になります。データベースの更新は，前述のとおり元データが完成したらその都度すぐに行いますが，報告用資料は依頼された都度作成することになりますので，頻度もタイミングもあらかじめ定まってはいません。

報告用資料の体裁や内容も，相手次第です。ここでは，データ量が多いケースである多店舗展開の小売業を想定し，月次の店舗別損益計算書のデータベースをもとにした報告用資料を例に考えてみたいと思います。

図表 8-7 データベースからの報告書資料作成

まず，営業本部長からの「エリア別の業績が知りたい」というリクエストに応えたのが，エリア別月次損益計算書です。営業本部長は全エリアを統括しているため，店舗別では少し細かすぎるので，エリア別の集計が好まれます。データベースの店舗別損益計算書にエリア情報を持たせておけば，エクセルのSUMIF関数を活用することで簡単に集計できます。

　また，営業本部長は，店舗の業績の責任を負う立場ですので，毎月情報を早めにほしいと思うはずです。そこで，データベースのところで詳しく述べましたが，データベースから報告用資料の間もエクセルのリンク機能と置換機能を上手に活用することで，データベースに数字が反映され次第，報告用資料にも手早く反映することができます。

　あるとき，店舗の出退店を決定している店舗開発部から，A店の退店を検討中との情報が入りました。退店すべきかどうか決定するための1つの材料として，直近の業績の推移が必要だと思われます。そこで，A店の月次損益計算書の推移を迅速に作成して提供すると，とても喜ばれました。データベースのところで説明したとおり，データベースの月ごとのシートを完全に同一のフォーマットにしておけば，報告用資料の作成の際にもとてもスムーズに作業が進みます。

　さらに，今度は販売促進部から販売促進費の内訳を頼まれました。販売促進費はエリア別に管理しているのを管理会計部門の担当者はこれまでのやりとりから把握していたため，エリア別にて集計しました。また，使い道を尋ねると，経営者への定期的な報告資料に入れるということだったので，数字の表に加えてあらかじめグラフを作成し提供したところ，資料の準備にそのまま使えるということで感謝されました。

　この3つの報告資料は，すべて1つのデータベースから作成することができます。このように，必要な情報を厳選しつつも漏れなく含むことで，さまざまな用途が考えられます。そして，各部門や経営者に対して提供する際も，形式

4 実務の効率化の鍵はフォルダとファイルが握る

データベースと報告用資料の2種類のファイルの設計と運用に加えて，実務上重要になるのは，ファイルを入れるフォルダの設計と運用です。

管理会計の業務は通常1人で担うことは少なく，複数人の担当者で分担して進めることが多いでしょう。さらに，人事異動に伴い新たに担当者になることもあるでしょう。**複数人のチームで，また過去のデータを含めて快適に利用するためには，一定のルールで運用されていることが望まれます。**

そのためには，
- ファイルの置き場所が誰でもすぐにわかる
- 何のファイルなのかがすぐわかる

の状態を目指しましょう。

(1) ファイルの置き場所が誰でもすぐにわかる

① 将来数値は年度・イベントごと，過去数値は内容ごと

「ファイルの置き場所が誰でもすぐにわかる」とは，そのフォルダに初めてアクセスする人でも，「ほしい○○のファイルはここにあるはず」という察しがつき，実際に見つけられることを意味します。

実務においては，探し物をする時間というのは実はかなり長いといわれています。また，ファイルの置き場所がわからないので前の担当者が会議から戻ってくるのを待って聞くということもありえます。しかしながら，このような探す時間や待つ時間というのは，何も生み出しません。そこで，**このような非生産的な時間をゼロに近づけることが，フォルダ管理の目的でもあります。**

そのためには，フォルダの構成をあらかじめ決定し，そのとおりチーム全員で運用することが必要です。例えば，**図表8-8**のとおり，「予算予測」の将来数値のフォルダの中に，各年度のフォルダがあり，「予算」などイベント別の

フォルダがその下にあります。その中には「1．サマリ」「2．PL」、「3．売上」など予算作成に使った資料が内容別にタイトルを付けて置かれています。なお、「サマリ」は経営者に出したまとめ資料、PLは集計した数値をまとめたデータであり、「売上」はそれを構成する元データを入れたファイルですが、これらは包括的なものから個別のもの、といった順番で通し番号をつけて並べると、全体像がわかりやすくなります。

図表8-8　将来数値のフォルダ体系

また、実績（過去数値）の数値は「PL」ファイルの下に、「1．全社PL」、「2．店舗別PL」が並び、その中には各年度の損益計算書が保管されているという形式がいいと思います。

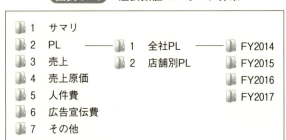

図表8-9　過去数値のフォルダ体系

将来数値は年度別，過去数値は内容別に並んでいることに気がつくと思います。将来数値のチェックにおいては，予算や予測の数字チェックのところで説明したとおり，さまざまな分野のデータを確認する必要があります。また，前回の予測をベースにして次回の予測を作成するため，実務の進め方としては，前回ファイル一式をコピーして次回ファイルを作成することで効率的に作業が進められます。

一方で，過去の数値は複数年のデータと比較して利用することも多いため，あらかじめ項目ごとに複数年度のデータが一括して保管されているほうが効率的です。

このように，業務の性質に応じて，将来数値のファイルは年度およびイベントごと，過去数値のファイルは内容ごとに保管するとよいでしょう。

② 最新か否か

これらフォルダの中での細かいフォルダルールも大事です。例えば，予算は数十日かけて作成されることも多いため，全社損益計算書の履歴ファイルはたくさん発生します。これらをどのような名称でどこに保管するかも決定しておくべきです。

実務において，つまらないことですがよく聞くのは，「これ最新？」「最新はどれ？」というやりとりです。そこで，先ほど紹介したフォルダの中に，さらに3種類のフォルダ追加することをおすすめします。「提出済」「アーカイブス」「元データ」です。

「提出済」には，ある時点で誰かに提出したファイルを，ファイル名の後ろに日付を加えて記載しておきます。もし提出先が複数ある場合には，それもファイル名のさらに後ろに加えるか，提出先ごとのフォルダを「提出済」フォルダ内に作成してもいいかもしれません。

「アーカイブス」も同様に，毎日の作業終了時点や作業が進んだ時点で，ファイル名の後ろに日付を付けて，データを保管しておきます。

「元データ」には，各部門などから入手したデータをそのまま入れておきます。

ファイルの名称も変えずに，中身も一切加工しないことが重要です。他部門からもらったデータを継続して使用する場合に，効果を発揮します。例えば，前回もらったこれと同じデータをくださいと，「元データ」フォルダに収容されたデータを見せることで，同じデータを容易に入手できます。

こうすることで，フォルダ内で「提出済」「アーカイブス」「元データ」のフォルダと同レベルに並んでいるファイルは，すべて最新という状態をつくります。なお，その最新ファイルは，ファイル名に日付をつけることはできれば避けましょう。それは，「提出済」「アーカイブス」に入れたファイルに日付が2つ付くのはわかりにくいということもそうですが，それ以外にも理由があります。実務では，エクセルリンクを多用することで効率化が図れますが，例えば更新日時をファイル名につけていると毎日ファイル名が変わっていってしまい，リンクが切れてしまう原因になります。そこで，ファイル名には日付をつけるのは避けたほうが賢明といえます。

図表8-10　フォルダの構成

(2) 何のファイルなのかがすぐわかる

「何のファイルなのかがすぐわかる」ためには，ファイル名の付け方も重要です。 先ほど紹介した日付の付け方や「提出済」「アーカイブス」「元データ」フォルダの運用により，最新のファイルを発見しやすくなりますが，そもそも何の数字が含まれたファイルなのかという情報も極めて重要です。

そこで，ファイル名は誰でもわかるような内容で，また規則的な付け方をす

るようにしましょう。例えば、通販部門の売上に関する予測データは、「売上予測_通販部門」または「通販部門_売上予測」などと付けるように、勘定科目名や部門名をそのまま使うのもよいでしょう。なお、売上予測と通販部門のどちらを先にするのかも、チーム内で決めておいたほうがいいかもしれません。つまり、勘定科目、部門名という順番を原則とするなどといった感じです。細かいことですが、ルールを決めることで、周囲にとってわかりやすいことに加えて、作業者自身も名称を付けるときにその都度、頭を使って考えずに済むというメリットもあります。

さらに、ファイルの内容もわかりやすいことが重要です。実務においては、何のファイルかわからないということに加えて、どのような作業をしているのかがわからないという場面に出くわすことが残念ながら多く、これもとてもストレスが大きいことです。そこで、ファイルを見たらどのような作業をすればいいのかがわかりやすいファイルにすることをおすすめします。

実際に筆者が採用していたのは、入力箇所はセルを緑に塗りつぶし、別のファイルに転記する箇所はセルをピンクに塗りつぶすという**色のルール**です。それ以外の箇所は自動計算されるので、白のセルのままです。そして、緑色のセルの近くには、元データの名称を書いておき、同じファイルの別のシートに元データを貼り付けておいて、できればそこからリンクさせるという方法をとります。こうすることで、担当者が変わったとしても、保管されているシートを参考に同じデータを入手し、緑色のセルを埋めて、ピンクのセルの数字をつくるという作業をすれば、このファイルはできあがります。

作業を進めているうちに何をやっているのかが後からわかるということも実務では多いと思います。したがってまずはどのような作業をするのかを理解することから入ることも、実務上は重要です。

以上のとおり、「ファイルの置き場所が誰でもすぐにわかる」＝WHERE、「何のファイルなのかがすぐわかる」＝WHATの2つを意識することで、チームとして効率的な管理を進めることができるようになります。紹介したルールはあくまでも一例ですので、みなさんの会社に合ったルールを見つけて運用する

ようにしましょう。

5 管理会計システムは必須ではない

(1) 管理会計システムの類型と特徴

ここで,少し視点を変えて,システムについてお話したいと思います。

しばしば受ける質問に,「管理会計用のシステムは必要なのか」があります。管理会計システムを利用することで,最新の数字を瞬時に反映でき,更新も容易,そして誰でも同じ資料が作成できるなどのメリットがあります。管理会計のシステムといってもいろいろな種類があるので,まずはいくつか例を紹介しましょう(**図表8-11**参照)。

まず,会計システムの一機能として管理会計用に開発されているものがあります。これは,エクセルで作成するのと同じようにフォーマットを自分で自由につくれます。何の数字をとってくるかというデータの出所を関数で組んでおくことで,自動で反映ができる仕組みのようです。コストとしては,他の管理会計システムよりも安いことが多そうです。

図表8-11 管理会計システムとエクセルの機能の比較

機能		Excel	システム		
			会計システムの一機能	管理会計システム	BI(ビジネスインテリジェンス)
機能	フォーマット	自由	自由	やや固定	やや固定
	データ更新	手動	自動	自動	自動
	分析視点変更	あり(煩雑)	なし	なし	あり(柔軟)
コスト		ほぼゼロ	安い	やや高い	高い
特徴		フォーマットは自由。ただしデータ更新の手数と正確さに課題あり	エクセル類似フォーマット作成可能。関数でデータ更新	フォーマットはカスタマイズ可能だが,柔軟さは少ない	高度な管理会計の分析にも利用可能

また，いわゆる管理会計システムとして最も一般的なのは，売上や営業利益率の推移など世の中で一般的に使われるフォーマットが多く用意され，これがいろいろなグラフに好みに応じて加工できるという機能を持ったシステムです。カスタマイズは可能ですが，管理会計の場合，見る視点が比較的流動的であり，かつ各社の業種によって異なることも多いため，システムを個別にその都度カスタマイズするのは少し大変かもしれません。

　さらに，数年前にデータアナリティクスという言葉が流行したときに，ともに話題になったのがBI（ビジネスインテリジェンス）と呼ばれるシステムです。これは，管理会計システムのように通常のフォーマットも一通り備えていますが，分析の視点を柔軟に変えることが可能であり，分析の幅を広げるのに役立ちます。エクセルのピボットテーブルのように，表の縦軸や横軸，表の中身を柔軟に入れ替えることができるので，これを活用して新たに相関関係がある指標を見つけるといった使い方ができます。ただ，日常業務の中ではすでに把握した視点で分析することが大半ですので，発展的な管理会計をしたい場面において，より効果の高いシステムといえると思います。

　以上のとおり，管理会計システムと一口にいっても機能は異なります。また，当然ながらコストもかかる話です。そこで，会社の管理会計の状況を見極めたうえで，自社にふさわしい機能を持つ管理会計システムを導入するのがよいでしょう。特に，管理会計で何をしたいのか，すなわち，まずは目的を明確にすることが重要です。例えば，「エクセルで運用してみて不便と感じた部分を解消できる機能を持つシステムを導入する」という進め方もいいと思います。

(2) エクセルでの構築が現実的なことも

　図表8-11にも管理会計システムの機能とエクセルのそれを比較しました。エクセルのデメリットは，データ更新が手動になるという点くらいだと思います。したがって，管理会計の仕組みの構築中ということであれば，現実的な策として，コストがかからないエクセルで自社の管理会計を構築することから始めるとよいでしょう。

なお，会計システムの機能として，予算や予測の損益計算書データを実績と同様の形式で保持できることがあります。しかしながら，損益計算書データの前提となるKPIや内訳項目までデータとしてシステム内に持つのは，現状のシステムでは難しいケースが多いようです。したがって，数字を作成する過程はエクセルで進めざるを得ませんが，筆者はそれでも問題はないと思います。今後予算や予測作成の基礎データまで保有できるようになれば便利な気もしますが，予算や予測の作成方法は状況に合わせて変えていくことが多いので，そのたびにシステムを更新するのは現実的ではないかもしれません。

ただし，予算や予測の損益計算書の数字をシステム内に持つことの大きなメリットとしては，実績と予算・予測の数字を並べるのが大幅に楽になるということです。例えば，実績を含めた年度推移や実績との比較といった資料は出しやすくなります。したがって，これらの資料の作成が多い会社にとっては有用だと思います。

6 制度会計と管理会計はシンプルな関係に

(1) 原則として一致が好ましい

仕組みを扱う章の最後に，制管一致問題を取り上げたいと思います。制管一致とは，制度会計の利益と管理会計の利益を一致させるかどうかという意味であり，管理会計の仕組みを構築する際に必ず問題になる事柄です。

冒頭で説明したとおり，外部報告用で画一的なルールに則った制度会計と，社内の経営に活用するための管理会計では目的が異なります。そのため，その目的に照らして各々の損益計算書の構造，つまり利益を決定するのがよいと理論的には思います。

しかしながら，筆者の実務の経験から，あえて制度会計と管理会計の最終利益は一致するのが最もよいと考えています。つまり，損益計算書の途中で表示される段階利益は管理会計と制度会計の視点の相違を反映して，異なってもい

いのですが，最終利益だけは一致させるべきという見解です。ちなみに，川野克典「日本企業の管理会計・原価計算の現状と課題」商学研究30号によれば，日本では実際に8割超の会社が両者は一致または近似値であるとされています。

ただし，管理会計の手法として直接原価計算を採用している場合，費用の期間配分の方法が異なるために相違を避けられないと思われます。そのような特別な事情がない限り，原則として最終利益を一致させる方向で設計すべきだと思います。

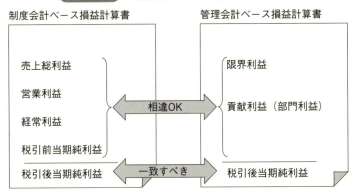

図表 8 -12　制度会計と管理会計の利益の関係

こう考える理由は，実務において，**「差異や相違というのは混乱しかもたらさない」**という経験則です。制度会計と管理会計の差異に問題がないのかを確認するのに，月次決算の1日程度を要しているというケースに出くわしたことがあります。確認できたとしても，承認を受けるために上長に説明しても，なかなか理解されず，さらに時間がかかります。これを管理するための仕組みも複雑になるので，システム開発も必要になるかもしれません。

このように，差異を管理するために何重にも手数やコストがかかってしまい，管理会計の目的とする迅速なデータ提供による意思決定のサポートができなくなってしまうおそれがあるのです。つまり，よかれと思って精度の高い仕組みを整備したとしても，結局運用状況によっては問題が多くなってしまうということです。したがって，筆者は，原則として制管一致を支持しています。

(2) 不一致調整のルールをつくる

　しかしながら，すでに現状の仕組みが制管不一致という場合もあると思います。その場合どう対処するかですが，差異について円単位ではこだわらない，差異調整に時間がかからない仕組みをつくるなどの工夫をすることが求められます。

　例えば，自社の損益計算書の金額規模次第ではありますが，千円単位で差異調整ができたらよしとすることも考えてみましょう。円単位で伝票を起票することに慣れた経理パーソンの感覚からすると，違和感があるかもしれません。1円単位で金額が正しいことは重要ではなく，むしろ1時間でも早く決算を確定させることのほうがはるかに重要です。

　具体的な方法として，調整項目を事前にリストアップしましょう。そのうえで，その調整項目の数字を確認するために必要なデータを特定し，その入力フォーマットをあらかじめ作成しておきます。合わせて，それらのデータをどこから（帳票名やシステム名など）入手できるのかを確認します。そして，調整項目ごとに担当者をあらかじめ決定しておけば，複数並行する形で差異の確認作業を進めることができます。

　実務においては，いくら現状の方法がよくないとわかっていても，すでにある仕組みを続けざるを得ないことも多くあります。その場合でも，できる範囲で，できる方法で対処することを考え出すことも大事です。

> ●第2節のまとめ
> - エクセルは，データベースと報告用資料のどちらなのかをはっきり意識してつくりましょう。
> - 他の人が活用できるよう，フォルダの体系とファイルの名称を工夫しましょう。

第9章

管理会計のコミュニケーション

第1節　管理会計に必要なコミュニケーション
第2節　経理部門の巻き込み
第3節　各部門からの協力と情報収集
第4節　経営者への報告

第1節　管理会計に必要なコミュニケーション

1　コミュニケーションの役割はインプットとアウトプット

　管理会計は，情報を収集し，整理し，整理された情報を提供するというプロセスで構成されています。武田雄治氏は，その著書『決算早期化の実務マニュアル（第2版）』（中央経済社）で，経理業務を情報製造業と定義されていますが，管理会計もまったく同じだと筆者は考えています。対象となる数字が過去のものか，未来のものか（このあたりの詳細は，第1章ですでに述べました）という違いのみで，あるべき位置づけは変わりません。

　第2章から第5章では，予算，月次決算，予測という管理会計のイベントについて，情報を整理する「プロセス」を中心に，「インプット」する情報，「アウトプット」する情報についても具体的に触れました。ここでは，これら個別の項目に共通する管理会計全体に必要な情報のコミュニケーションについて触れたいと思います。

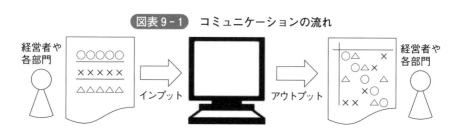

図表9-1　コミュニケーションの流れ

　コミュニケーションは，「インプット」すなわち「情報収集」と「アウトプット」，すなわち「情報提供」の2つから構成されています。どちらもとても重要です。

(1) 「インプット」としてのコミュニケーション

まず,「インプット」する情報は量が十分で,かつ正しいものでなくてはいけません。これらの情報を集約,分析した結果を使って経営者は意思決定を行います。ということは,「インプット」する情報次第では,意思決定を誤らせる可能性があるということです。また,情報を必要なタイミングで入手するのも大事です。

一般的に,情報の精度とスピードはトレードオフ(反比例)の関係にはありますが,どちらをどれだけ優先するかを,状況を踏まえて判断する必要があります。スピードがこれまで以上に価値を持つ現代において,ビジネスで勝ち続けるためには,管理会計においてもスピードに対する考慮が必要です。「賞味期限切れ」の情報を提供しても,ビジネスの役には立ちません。

(2) 「アウトプット」としてのコミュニケーション

また,「アウトプット」の仕方によっては,十分活用されないという残念な結末をたどることもありえます。例えば,この資料ではわからないと経営者から突き返され,最終的な意思決定や行動に至るまでの時間がかかってしまうというのも,「アウトプット」に関するコミュニケーションに問題がある代表的なケースです。また,予算の説明のための会議に経営者が時間をとってくれないという悩みを聞くことがあります。これも,根本的にはアウトプットのコミュニケーションに関する問題だといえます。なぜなら,予算や管理会計の機能が正しく果たせて経営者にとって役に立つ情報が提供できていれば,経営者は自主的に時間をとりたがるはずです。

車の運転をするときには,どんなに運転に自信がある人でも,メーター類をきっと見ると思います。車の運転に経営をたとえるなら,管理会計は客観的な情報を教えてくれるメーター類に当たります。どんな経営者も,車の運転におけるメーター類と同程度に管理会計を利用したいのです。もし利用されないのであれば,何か使われない理由がそこにはあるに違いありません。

2 実務の悩みは「あいだ」に存在する

筆者のコンサルティングなどの経験から,管理会計に関するコミュニケーションにおいて,悩みが発生する場所は2つに絞られます。

図表9-2 よくある悩み

発生場所	原因	影響
実績と予算のあいだ	人(知識,情報)が異なる	正確でない管理会計
事業と会計のあいだ	情報の非対称性が大きい	形式的な管理会計,ビジネスに貢献できない

(1) 実績と予算の「あいだ」の悩み

まず1つ目は,実績と予算の「あいだ」で発生するギャップです。これは,経理部門と管理会計部門のギャップ,制度会計と管理会計のギャップと捉えると,わかりやすいかもしれません。

予測作成を扱った第5章でも述べたとおり,月ごとに実績の数字と予測の数字を足し合わせて作成する年度予測においては,管理会計担当者が実績についてどれだけ理解しているのかが予測の精度を大きく左右します。

ほかにも,予算を作成する際,会計基準やその改正に関する知識もある程度必要になります。例えば,減損の兆候がすでに出ている場合には,予算作成時も減損損失の発生の可能性を検討する必要があります。また,何らかの会計基準が改正されるのであれば,その影響が自社に及ぶのか否かということが重要な検討ポイントになります。管理会計の目的である業績改善の「業績」とは,結局,対外的な業績数値である制度会計ベースを意味するので,実績および制度会計に関する知識は必須といえます。

しかしながら,実務において,管理会計担当者が会計基準の中身やその動向まで押さえるのは容易なことではありません。そこで,**経理部門から情報を入**

手できるだけの関係性を構築し，コミュニケーションを通じてこの情報格差に対応するのがいいと思います。

組織的な解決方法として，経理部門担当者が人事異動などで管理会計担当となることはとても望ましいことです。経理部門経験者の場合，管理会計の仕事においても，自然に会計基準の観点からの影響を考える傾向があります。会社として，管理会計の精度を上げるための方法として，経理担当者の異動も1つの手だといえます。

(2) 事業と会計の「あいだ」の悩み

2つ目の悩みは，事業と会計の「あいだ」で発生している，管理会計担当者の事業に関する理解不足です。管理会計に課題を抱える会社の経営者の方と話すと，ほぼ確実に出てくるのが,「うちの経理財務はビジネスをわかっていない」という言葉です。裏を返すと，**経営者の立場では，管理会計部門を含む経理財務は，もっとビジネスを理解したうえで数字の管理をしてほしいと考えている**といえます。

日本企業の経理部門はこれまで，事業の理解よりも会計の理解があれば業務ができる時代が続いてきました。また，方向性や分析結果というよりも，数字自体を報告すれば役割が果たせると考えられてきたのも事実だと思います。そのため，会社の中でも事業に関する情報が経理財務部門に十分に提供されてこなかったという経緯があります。このような環境ではやむを得なかったと思いますが，経理財務業務の外部委託やシェアードサービス化が進む昨今，「数字」だけではない経理財務が，社内の担当者に対して求められています。

現実として，このような事業情報に関する情報の非対称性が起こった結果，管理会計が事業の実態を反映することができない形式的なものになっている感もあります。例えば，コスト削減が必要になった場合に，一律10％カットするといった個別の状況や内容を考慮しない方法がとられるのが典型例です。その結果，乱暴な表現ですが，事業の意思決定を助けるはずの管理会計が，むしろ事業を妨害していると感じる場面すらあります。

3　解決のカギは「相手」にある

それでは，どうすれば，この2つの大きな悩みを解消することができるのでしょうか。

図表9-3　解決するための方向性

> 1．管理会計が相手にもたらすメリットを明確にする
> 2．Win-Winの関係を徐々に目指す

(1)　管理会計が相手にもたらすメリットを明確にする

まず，管理会計部門が管理会計を通じて，相手に提供できるメリットや価値を見つけることです。管理会計をはじめ経理財務部門は，一般的に社内ではうるさくて面倒くさい存在とみなされることが多いでしょう。筆者もこのような場面を数多く経験してきました。しかし，よく考えてみると，会社の業務として存在している以上，どの部門の立場からも，役に立たないとか関係ないということはありえないはずです。

そこで，各部門責任者や経営者などの相手にとって管理会計や管理会計部門がどのようなメリットがあるのかを，**まずわたしたち管理会計部門が理解する必要があります。**この際，**相手の立場に立って具体的に落とし込むのがポイントです。**個別の例は後述します。

(2)　Win-Winの関係を徐々に目指す

相手にとっての管理会計のメリットを見つけた後は，実際に，お互いにとってメリットがあることを実行していきます。いわゆるWin-Winになるように行動することが大事です。社内の各部門からよく聞く「管理会計部門は自分たちの都合を優先して，こちらのいうことは聞いてくれない」という声が出ない

状態を目指します。

　順番としても，まずは相手にとってのメリットをまず実現させてあげることで，「意外に助けてくれる管理会計部門」というイメージを持ってもらえたらしめたものです。特に営業部門は義理人情に厚く，またバーター取引関係も文化として根づいていることが多いので，まず「恩を売る」ことから始める効果は期待できると思います。具体的に，**何を相手に提供することができるのか，そして何を受けとるべきなのかについては，相手ごとにこの後見ていきましょう。**

> ●第1節のまとめ
> ● 相手のニーズやメリットを明確にして，少しずつ叶えていきましょう。

第2節　経理部門の巻き込み

1　敵ではなく最強の味方

　主に制度会計を担う経理部門に、管理会計部門が提供できることといえば、やはり管理会計が制度会計に役に立つことだといえます。自分たちの仕事である制度会計にメリットがあるとわかれば、管理会計への協力は次第に定着します。

　経理部門は、制度会計の砦として、毎年のように行われる会計基準や税務の改正をキャッチアップするのに追われています。したがって、予算管理をはじめとする管理会計を学ぶ機会がほとんどないのが実態だと思います。そのため、管理会計と、自分たちの守備範囲の制度会計の関係性について気がついていないケースは多いといえます。

　そこで、管理会計部門にて制度会計や経理部門にとってのメリットを整理して、こちらからそれを共有することがまず第一歩となります。

　こちらから歩み寄るというのが、実は実務では大きなポイントとなります。管理会計部門と経理部門の仲が悪い会社は、筆者の経験では実はかなり多い印象です。これは、月次決算分析に含まれる予算や予測に対する実績の差異が原因となっていることが大半です。予算や予測は管理会計部門が担当し、実績は経理部門が担当することが一般的です。予算や予測に対する実績との差異額がなかなか詰めきれずに、経営者に「どうなっているんだ！」と一喝されてしまい、お互い相手の部門に対して悪い感情を持つという経緯をたどるケースがあります。

　もし、あなたの会社の現状がこのようなケースに該当しているとしても、**自分たち管理会計部門にとっては経理部門の協力が必須だということを強く意識**

しましょう。

2 会計知識と会計システムの協働運用を期待する

　経理部門にお願いしたい協力として、会計項目に関する助言があります。
　前述したとおり、会計基準の改正の影響を検討したり、減損の兆候の有無を判断したりといった制度会計の技術的かつ専門的な項目は、経理部門に頼るほうがよいと思います。彼らは専門家ですので、管理会計部門がいくら頑張っても彼らと同じ精度の高さは難しいと思いますし、より早く数字が入手できると思います。また、実際に会計基準の改正の影響額や減損損失が実績として計上された場合に、**経理が予算や予測の段階から関わっていれば、その差異の内容が容易に把握できます。**

　また、もう1つの管理会計部門として得たい協力としては、会計システムの協働運用があります。第8章で説明したとおり、管理会計を運用するための仕組みとしても、会計システムの活用は大きな鍵です。ところが、会計システムは制度会計を主眼にしていることも多く、その関係上、ユーザーとしての主管部門は経理部門であることが一般的です。そこで、前述した補助科目の設定を変更するなど管理会計目的としての対応も目指すには、実態として会計システムを管理会計部門も協働運用するくらいの関わり方が必要になってきます。

3 早期化と正確化というメリットを届ける

　このような協力を得るために、引き換えとして提供できるメリットにはどのようなものがあるのでしょうか。
　筆者の経験上、経理部門にとって最も喜ばれるメリットとして、決算の早期化と正確性向上があります。予測の精度が高ければ高いほど、予測と実績の差異をきちんと検証することで実績の正確さを確信することができます。予測が

作成されていない，もしくはその精度が低い場合には，実績の内訳を確認するなど手数がかかる方法でしか実績の正確性が確認できません。つまり，予測実績差異を活用することで，決算数値の正確性を上げるだけではなく，工数削減により決算早期化も可能になるのです。経理にとっては，早く正しく決算数値を確定することは，経営者にも強く望まれていることでもあり，かなり魅力的なメリットといえます。

このことを内部統制報告制度（いわゆるJ-SOX）の観点から考えると，予測実績差異を活用した実績数値の確認は，コントロールの1つと捉えることもできます。例えば，実際の決算の過程において予測実績差異の検証を行うことは，決算財務報告プロセスのコントロールとみなすこともありえます。また，予測実績差異の計算のもととなる予測は，経理部門から独立した管理会計部門が独自に入手した情報をもとに作成していることが多いので，管理会計部門の存在を包括的な牽制を与える存在として捉え，全般的統制として考えることもありえます。このように決算実務に加えて，内部統制制度という理論面でも，管理会計業務と管理会計部門の存在は評価できます。

また，少し異なる観点の話にはなりますが，見逃せないメリットがもう1つあります。それは，**決算に関わる情報の早期入手**です。経理部門の大きな悩みの1つに，「話を聞いた時にはすでにプロジェクトは開始され，会計的な検討が後手に回ってしまった」というような社内各部門からの情報の入手の難しさがあります。経理部門の主な対象範囲は過去の数字の確定，管理であることを考えると，性質的にやむを得ない部分もあるとは思います。しかしながら，過密な決算実務スケジュールを考えると，一刻も早く情報を入手して，会計的に検討すべき論点はないのか，場合によっては監査法人に確認する必要はないか，などを考えたいのです。

一方で，情報の入手の点では，管理会計部門は実はとても有利な立場にいます。社内の各部門が何か新しいことを実行するときには，必ずお金が必要です。そのため，当該部署は予算欲しさに早めに管理会計部門に打診してくる傾向が

あります。そこで，管理会計部門はその立場を活かして，各部門が事前に伝えてきた情報を，必要に応じて経理部門と共有するのです。そうすれば，経理部門も決算作業期間を外してこれらの論点の検討をじっくり行うことができると同時に，決算作業時期には決算に集中できます。その結果，決算の正確性や早期化がさらに進むかもしれません。また，各部門の立場からも，管理会計部門から経理部門に情報を共有してもらえれば，あらためて経理部門に，すでに管理会計部門に説明したのと同様の内容を説明するという手数が省けます。

以上のとおり，**経理部門にとって大きな課題である決算の早期化と正確性向上に，管理会計が果たせる役割が大きいことは，管理会計部門にとってとても大きな切り札となります。**

図表9-4 経理部門との関係

得られる協力
- 会計項目の助言
- 会計システムの協働運用

制度会計のメリット
- 決算の「早期」化・「正確性」向上
- 「内部統制」（全般的統制・決算財務報告プロセス）
- 「情報」の事前共有（会計論点の事前検討・監査法人との協議）

管理会計部門　　　　　経理部門

●第2節のまとめ
- 会計知識と会計システムの面から経理に支援してもらいましょう。
- 経理の決算早期化と正確性向上を助けましょう。

第3節　各部門からの協力と情報収集

1　各部門とのコミュニケーションが管理会計を支える

　管理会計部門は，各部門からの何をどのように受け取ったらいいのでしょうか。

　管理会計において，インプット情報のほとんどは，実際に事業活動を担っている各部門から入手する必要があります。例えば，予算作成や予測作成において基礎データを提出してもらうのは不可欠です。月次決算では，予算実績差異について質問の回答をもらうことも多いと思います。

　入手したデータを理解するには，自社のビジネスの知識や業界動向に関する知識を身につける必要があります。なぜなら，**各部門から予算として提出された数字が正しいのかどうかを判断するよりどころとなるからです**。ほかにも，予測を作成した結果，予算達成のために各部門に対してコスト削減をお願いする場合に，どの案件を対象にどの程度の金額の削減ができそうかのアタリをつけることにも役立ちます。

　このような知識は，一朝一夕に身につくものではありません。これまでに紹介した予算，月次決算，予測の3つのイベントに追われる管理会計部門にとっても，腰を据えてこれら知識習得のための時間を確保するのは至難の業といえます。そこで，管理会計のイベントスケジュールに合わせて，イベントを含む各期間にどのような知識を習得するのかを明確にして取り組むことが効率的かつ効果的といえます。

2　いつ，何を聞くかを明確に持つ

　以下では，各部門との協働において管理会計部門に必要なことを，**図表9－5**をもとに説明していきます。

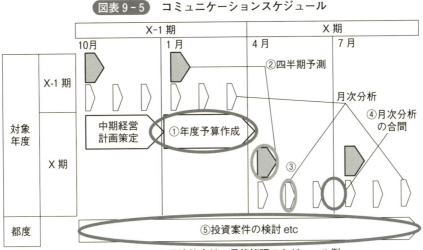

図表9-5　コミュニケーションスケジュール

3月決算会社の予算管理スケジュール例

① 全体像の理解と項目の優先順位づけ
② 項目への影響要素（意向など）の理解
③ 項目への影響要素（環境など）の理解
④ 課題対処のためのヒアリング（根本解決）
⑤ 相手の重点項目や意向の理解

(1)　大から小を意識して情報収集する

　まず，年度予算作成の段階では，全体像を理解することを最優先とし，個別の案件にはこだわりすぎないようにします。そのうえで，管理会計をする際に，どの項目（勘定科目と置き換えてもいいかもしれませんが，会計視点での発想に偏りすぎないよう，あえて項目と呼ぶことにします）に重きを置くのかの優先づけを行います。具体的には，各部門から発生する代表的なコストとおおよ

その金額を覚え，業績を左右しそうな順番に優先順位をつけるということをします。

次に迎える四半期予測の作成においては，予算の段階で優先順位づけした項目へ影響を与える要素を理解することに努めます。例えば，売上の予想額が減少する理由を，予想額を提出した部門（多くの場合，営業部門でしょう）に確認することで，どのような判断や意向がもとになっているのかを把握することができます。予測作成では，まだ数字が実績として挙がるのに時間がかかるので，客観的な事実というよりは部門長の感覚や意向が反映されることが多い傾向があります。

続いて，月次決算の段階では，予測との比較や前期比較を通じて，項目に対して実際に影響を与えた要素について客観的に把握することに努めます。例えば，「売上が予測を下回ったのは，荒天が続いて小売店への来店客数が減ったため」と担当部門から説明を受けたとします。すると，売上に対して天候が大きな影響要素だということがわかります。このように，予測作成の段階では，各部門の意思や感覚がその数字の前提に入ってしまうのですが，月次決算の分析の段階では，恣意性がある程度排除され，客観的な影響要因を把握することが可能です。予算や予測を活用するためには，どちらの要因も押さえておくことが重要です。

(2) イベントの合間では，すかさず「改善」

年間イベントを通じて，業績を左右する項目と影響要因を把握するのに加え，さらに重要なことがあります。それは，課題対処に向けた行動をとることです。ここまでの情報収集は現状把握にすぎません。管理会計の目標は，あくまでも予算を達成することですので，そのためには現状で抱える課題の解決に割く時間も必要になります。

例えば，売上が伸び悩んでいるという状況だとします。小売業であれば，店舗別の売上を分析し，客単価と客数のどちらがその原因なのかを突き止めたり，その原因を改善するための解決策を考えてもらえるように担当部門に働きかけ

たりするでしょう。このような，ビジネス課題の解決もとても重要です。

　また，異なる観点の課題として，そもそも予測があまりに楽観的につくられてしまい，その精度が悪かったとします。この結果，もしかしたら，本来は当初から売上を上げるためのアクションをとるべきだったのに，そのことにそもそも気がつかずに手遅れになってしまうということもあるかもしれません。このような事態が今後も起きないようにするためには，**そもそも予測の精度を上げる必要があります。そこで，予測が楽観的に作られたのはなぜなのか，具体的にどの前提が見込み違いだったのか，どう見込みが違ったのか，どうしたら改善できるのか，などを話し合います。**

　このような取り組みにはとても時間がかかるので，図表9-5のように月次分析の合間で行うのが最も効率的だと思います。つまり，管理会計のイベント中は情報収集に徹し，課題解決はまとめてイベントの合間で行うという流れです。**特に，四半期で行われることが多い予測作成や年度予算の作成が同時進行していない期間は，月の中旬に課題解決のための時間をとるとよいでしょう。**

(3) 突発的な依頼は関係構築のチャンス

　さらに，これは年度のスケジュールとは少し離れるのですが，管理会計部門に対して，投資対効果の検討など一時的な依頼が来ることがあります。ただでさえ年間のイベントの期限に追われて忙しい中，追加の仕事となると，正直なところ億劫と感じるかもしれませんね。しかし，実はこれは大きなチャンスでもあるのです。

　このような依頼は，経営者肝いりの案件であることも多く，担当部門にとっても部門長を筆頭にかなり力を入れていること可能性が高いといえます。おそらく，投資対効果の検討など数字面からのサポートが依頼内容だと思いますが，これをこなすことで多くのことが得られます。

　通常の年度予算や予測のやりとりは，各部門の管理会計担当者と行うことが多いと思います。一方で，投資対効果の検討などの一時的なプロジェクトは，各部門のトップと直接やりとりする場面も多くあります。**会議などに同席し，**

部門長の発言にじかに触れることで，部門長の意向や今後の方向性など高い視座に触れることができます。

　また，対応する期限や方法について，できる限り先方の意向に合わせることで，先方からの評価や好感を得ることができます。これにより，バーター取引といっては表現が直接的過ぎるかもしれませんが，こちらの依頼を受け入れてくれる土壌ができます。

　このように得られた各部門長との関係性や意向の理解は，各部門の管理会計担当者との関係においても当然活用できます。自分の上司である部門長とつながっている人物を適当には扱えないですし，部門長の見解をもとに提案や依頼について説明できれば，各部門の管理会計担当者も前向きに対応してくれるようになることは確実です。具体的には，期限内に予測のデータが提出される，質問に対して丁寧に答えてくれるなどの変化が現れるかもしれません。

　まとめると，各部門の情報を集めるためには，いつどのような情報を集めたらいいのかを明確にイメージすることが重要です。日常業務で忙しいものですが，情報収集に力を入れることで，得た情報を活用して日常業務も少しずつ効率的に進められるようになっていきます。この好循環につなげるためにも，情報収集に重きを置くという意識を持つところから，まずは始めてみるとよいでしょう。

3　各部門との協力関係を築くための3つのポイント

　投資対効果の検討の場面以外でも，各部門に貢献し，結果として協力関係を築く方法はいくつもあります。

(1) 経営者との関係性を活用する

① 経営者の気にしている情報の共有

　まず，経営者と管理会計部門の関係性を活用することです。

年間の管理会計サイクルを通じて，管理会計部門は経営者と接する機会が頻繁にあります。そこで，**経営者から得た情報を問題のない範囲と方法で，必要に応じて各部門と共有することで，各部門にとっては貴重な情報としてとても役に立ちます。**

　例えば，予算に含まれる新しい取り組みについて，同業他社の状況を気にしていたとしたら，その旨を担当部門と共有しておけば，担当部門は経営者に聞かれる前に，同業他社の状況を調査し準備することができます。このことで，経営者はスピード感をもった意思決定が可能になり，担当部門は十分な情報を余裕をもって準備でき，あなたもそれに貢献できます。このような「三方よし」を通じて当然会社のビジネスにもいい影響が生じます。

② 経営者の「好み」に関する情報の共有

　個別の情報でなくても，管理会計部門がこれまでの経営者とのやりとりで蓄積した経営者の意向や嗜好に関する情報というのも，各部門にとってはとても有用です。

　例えば，あなたの会社の経営者は，投資対効果の検討資料など数字が入った資料は，まず自分でじっくり目を通してから必要な箇所だけ担当者から説明を受けるのが好みだったとします。このことを事前に，資料を提出する担当部門に共有できれば，担当部門もスムーズに経営者と話ができますし，経営者も心地よく資料の理解に努めることができます。

　筆者の経験では，**数字を含む資料について理解に至るまでの方法というのは，経営者の数字の理解度に大きく影響を受けるため，相手のやり方に合わせるのがもっともよいと思います。**

③ 経営者に各部門の努力をアピールする

　さらに，経営者に対して，各部門の成果に関する情報を届けることもできます。

　管理会計部門は，年間の管理会計サイクルの中での各部門とのやり取りを通

じて，各部門が予算達成のためのどのような努力をしているのか，身近に知る機会も多いはずです。そこで，この情報を経営者の耳に入れることで，各部門の成果のアピールを代行することができます。

例えば，営業第1部は，コスト削減の依頼に対して，営業部員の営業活動を特定の曜日に集中させることで，交通費の削減と営業訪問件数の増加を同時に達成した，などという具体的なエピソードを伝えられるかもしれません。前述した方法で各部門の情報収集を実施しなければ，そもそもこのような情報はなかなか入ってこないとは思います。しかし，ここまでできれば，管理会計部門が会社のビジネスを支える「戦略部門」としても機能できます。

このように，**単なる報告だけではなく，人間の心理面も踏まえて管理会計活動をすることは，多くの協力を得て業績改善につなげるうえではとても重要です。**

(2) 各部門のやり方を尊重する

① 資料や用語

次に，各部門の協力関係を得る2つ目の方法は，各部門のやり方を尊重することです。予算や予測の作成のところで，各部門から提出してもらう資料は各部門がすでに使っている既存の資料をできる限り活用するという話をしました。これ以外にも，なるべく各部門がすでに持っている資料を活用することで，こちらも入手が容易になり，相手も作成の手間が省けます。同時に，各部門にとっては実は「尊重された」という印象を持ってもらえることも多く，心理的効果も期待できます。

同様の心理的効果は，**相手の用語を理解し，実際に管理会計部門が使用することでも可能です。**例えば，営業部門であれば営業の，製造部門であれば製造の専門用語は必ず存在します。また，専門用語以外にも好んで使用される俗称的な用語があることも多いでしょう。そこで，これらの用語を管理会計部門が使う姿勢を見せることで，相手に努力は伝わり，好印象を持ってもらえます。

② カレンダーやコミュニケーション方法

また，各部門と接しているうちに，各部門の「カレンダー」がわかってきます。カレンダーとは，**年次や週次や月次でのスケジュールのことで，いつが忙しくていつが比較的落ち着いているのかを意味しています**。例えば，営業は月間ノルマを持っていることが多いので，月末に近づくにつれノルマ達成のために外出が多くなる傾向があります。このように各部門の繁忙度合いは業務内容がもとになって発生しているので，業務内容を理解していることが前提となります。そのため，例えば，何か資料をお願いする場合に「カレンダー」への配慮を見せることで，かなり印象はよくなります。

タイミングに加えて，コミュニケーションの方法を尊重することも効果的です。筆者の経験では，営業部門などは電話や口頭などスピード感あるコミュニケーションを好み，内勤の部門は比較的メールや文面のコミュニケーションを好む傾向があります。管理会計の業務において先方に何かを依頼する場面や質問する場面というのは多く，コミュニケーションはその都度発生します。その方法が相手にとって負担がないものであるほうが，ストレスなく対応をしてもらえます。

(3) 管理会計部門の裁量を活かす

最後は，管理会計部門ゆえの裁量を活かすことが挙げられます。

管理会計業務の中で最も苦労するのが利益管理ではないでしょうか。中でも，予算の達成が難しいとわかった場合に，コスト削減を依頼するのは本当に骨が折れます。そこで，このような依頼をするときにこそ，各部門の個別の事情を考慮することが極めて重要です。

① 個別案件の事情の考慮

一律10％カットという方法がよく採用されていますが，これは一見公平に見えて，実態が反映されていない点で不公平といえます。また，会社にとっても本来コストをかけておくべき部分が手薄になってしまうため，原則として採用

すべき方法ではないといえます。何よりも，この方法は管理会計担当者にとって最も楽なので，採用されることが多いという点を忘れてはいけません。

　その点を克服するのに役立つのが，前述した戦略的なコミュニケーションから集めた各部門に関する情報です。**各部門の個別の状況がわかっていれば，それに応じて個別のコストごとに削減割合を変えるなどという対応が可能になります。**この対応は，各部門にとっても一律対応に比べると納得感は高く，またコミュニケーションを通じて人間関係ができていれば聞く耳を持ってくれることも多いといえます。同時に，会社にとっても，業績への影響を最小限にとどめられるので，とても望ましい対応といえます。

②　試算などの情報の事前共有

　また，管理会計部門は，投資対効果の検討をはじめ，臨時で経営者から試算や集計などを依頼されることが頻発します。

　例えば，従業員1人当たりの人件費コストの集計を求められたとしましょう。この集計自体は，管理会計部門のみでも進めることはできると思います。

　しかし，あえて人事部門にも集計結果を共有しておくことが望まれます。というのも，人件費関係は当然人事が担当している領域ですから，経営者は入手した集計数字をもとに，人事部門と話す可能性はかなり大きいはずです。そこで，人事部門にもあらかじめ集計結果を共有しておくことで，経営者が進めたいことがスムーズに行えるよう根回しをしておくことが望ましいといえます。もっとも，経営者がこれは秘密裏に集計してほしいと依頼した場合は別です。

　以上のとおり，経営者との近い関係を活用し，各部門のやり方を尊重しつつ，管理会計部門の裁量を活かして，各部門との固い協力関係を築くことは，管理会計業務においてインフラづくりに当たる重要な活動です。

図表 9-6　各部門との協力関係の築き方

≪経営者との関係の活用≫
- 経営者から得た情報を共有
- 経営者の意向や嗜好に合わせた実践支援
- 経営者に各部門成果のアピール代行

≪各部の流儀の活用≫
- 各部の既存資料の活用
- 相手の用語の理解と利用
- タイミングや方法の尊重

≪管理会計部門の裁量の活用≫
- 個別案件の事情の考慮（例：コスト削減）
- 関連する試算などの情報の事前共有

●第3節のまとめ
- 各部門からいつ何を聞くのかのスケジュールを意識しましょう。
- 各部門との関係を築くために，経営者との関係，各部のやり方，管理会計部門の裁量を活用しましょう。

第4節　経営者への報告

　第1章で，管理会計の役割は意思決定支援と進捗管理という話をしました。多忙な経営者が意思決定をスムーズに行えるようサポートすることは，会社にとってもとても重要な役割といえます。この役割を十二分に果たすためには，管理会計部門は，**経営者がビジネス上の判断に集中できる環境を用意することが求められます。**

　経営者に報告する際の具体的な配慮として，3つの「使わせない」があります。

図表9-7　経営者報告に必要な3つの「使わせない」

- 時間を使わせない
- 頭を使わせない
- 気を使わせない

1　「時間」を使わせない

　まず，経営者には「時間を使わせない」。

　これは3つの「使わせない」の中でも最も重要といえます。時間は限りのある資源ですから，それを経営者に無駄遣いさせないことはとても重要です。具体的には，報告のための会議において，相手の知りたいことを最優先して話す，相手のレベルに合わせて話す，質問には即座に答えるといった姿勢が挙げられます。

　筆者の経験では，経理財務パーソンは順序立てて話す傾向があり，経営者がイライラしている場面に出くわしたのは数え切れません。また，人間なのでし

かたがないともいえますが，相手が知りたいことよりは，自分がよく知っていて自信を持って話せることから話す傾向もうかがえます。

経営者の会計に関する知識レベルはさまざまですから，相手の知識レベルを把握したうえで，それを前提として説明を組み立てる必要があります。さらに，その場で経営者から質問を受けた場合には，極力その場で回答するように心がけるとよいと思います。経理財務パーソンのすばらしい習性として，正確性を重視するということがありますが，経営者との会議の場面においては，多少正確性を犠牲にしても，その場で答え切ることを優先したほうが，多くの場合において経営者の評価は高いといえます。つまり，**経営者の評価ポイントは，基本的に正確性よりはスピードにあることが大半**といえるのです。

2 「頭」を使わせない

2つめは「頭を使わせない」です。

意思決定をサポートするのが役割なのだから，むしろ意思決定のために経営者には頭を使ってもらわなくてはいけないのでは，と思うかもしれません。この「頭を使わせない」というのは，**意思決定以外の，「本来頭を使わなくてよいことに使わせない」という意味だと理解**してください。具体的には，

- 明確な結論を明瞭に話す
- アクションもセットで提案する
- 数字だけではなく言葉を使って表現する
- 専門用語は使わない

などが挙げられます。

前述のとおり，経理財務パーソンはテーマ，前提，検討内容，検討結果，結論といった時系列で話をすることが多いのですが，経営者への報告においては，テーマ，結論，その他の順で説明するのがよいと思います。**経営者は概してせっかちなことが多い（多忙ゆえだと思いますが）ため，とにかく結論をほしがることがとても多い**からです。

また，問題について報告する場合には，必ずアクションも合わせて伝える必要があります。某上場会社の経営者から，「業績予想の修正が必要になったときに，『業績予想の修正が必要です』とただ報告するだけでは，財務経理部門の役割としてまったく不十分である。その兆候を見つけた瞬間から，コスト削減などに取り組んで修正が不要となるように動くことこそが役割として期待することだ」という話を聞いたことがあります。この言葉のとおり，あらかじめ動ければベストだと思いますが，**最低限アクションをセットで報告することで，批評家や傍観者ではなく，当事者として考えている姿勢は伝わると思います。**

　さらに，これも経営者の会計知識レベルにはよりますが，多くの経営者にとって数字というのは，実はとても理解しづらいものです。数字をパッと見ても，すぐにいいのか悪いのかを感覚的に理解できる経営者は，そうでない経営者よりも少ないというのが筆者の実感です。そこで，おすすめなのが，資料に文章でまとめたサマリを付けることです。**数字に苦手意識がある経営者にとってもわかりやすく，要旨を確認できるので，時間を使わせない効果も期待できます。**専門用語，特に会計用語や各部門の現場だけが使う用語なども使わないほうが，理解不足や誤解を防ぐためにはいいと思います。

3　「気」を使わせない

　最後は，「気を使わせない」です。

　これは，頭を使わせないに近いのですが，さらにどうでもよい形式的なことに経営者が気を散らすことがないようにする，との意味です。例えば，数字を間違えない，資料の流れは左上から右下へ，字は大きめにする，資料の配色はコーポレートカラーを使用するなどの資料の形式面に関する注意を徹底して守るだけでも，かなり効果があると思います。

　数字が間違っていると，ほかにも間違いがあるのでは，と経営者は心配しながら目を皿のようにして資料を見ることになります。また，資料の中で見る箇所が行ったり来たりすると，集中力が削がれます。さらに，資料の配色に違和

感をいったん感じると，それが気になり続けてしまう経営者もいます。このようなデザインに関することは，経理財務パーソンにはハードルが高い点です。そこで，コーポレートカラーを使うと日頃から馴染みのある配色ゆえに違和感の原因となる可能性は低くなります。

　以上，3つの「使わせない」を守ることで，経営者には意思決定に集中してもらう環境を積極的に用意しましょう。

●第4節のまとめ
- 経営者が意思決定に集中できる報告環境をつくりましょう。

≪著者紹介≫

梅澤　真由美（うめざわ　まゆみ）

公認会計士
管理会計ラボ株式会社代表取締役

監査法人トーマツ（現・有限責任監査法人トーマツ）にて制度会計の監査を経験したのち，日本マクドナルド㈱にて管理会計業務に出会う。「制度会計との違い」に戸惑い，試行錯誤する日々のすえ，管理会計の「事業に貢献できるやりがい」に目覚める。管理会計実務を究めるべく，ファイナンスと呼ばれる米国流管理会計の先進企業ウォルト・ディズニー・ジャパン㈱に移り，小売部門の管理会計の構築を管理職として統括する。事業会社2社で通算10年間勤務した後，「管理会計を事業に活用できる会社を日本に増やしたい」という思いで，管理会計ラボを設立。現在は，管理会計分野に特化した「実務家会計士」として，セミナー講師，執筆，コンサルティングに活躍中。
実務に役立つ管理会計やエクセルが学べる「管理会計スクール」を展開中。
https://school.accountinglabo.jp/
モットーは「事業に使われる会計」。制度会計を活かした管理会計の仕組みの構築，経営者や社内各部門に対する会計を活用したコミュニケーションを得意とする。
オーストラリア・ボンド大学ビジネススクール修了（MBA）

今から始める・見直す
管理会計の仕組みと実務がわかる本

2018年3月25日　第1版第1刷発行
2025年3月25日　第1版第20刷発行

著　者　梅　澤　真由美
発行者　山　本　　　継
発行所　㈱中　央　経　済　社
発売元　㈱中央経済グループ
　　　　パブリッシング

〒101-0051　東京都千代田区神田神保町1-35
電話　03（3293）3371（編集代表）
　　　03（3293）3381（営業代表）
https://www.chuokeizai.co.jp
印刷／昭和情報プロセス㈱
製本／㈲井上製本所

©2018
Printed in Japan

＊頁の「欠落」や「順序違い」などがありましたらお取り替えいたしますので発売元までご送付ください。（送料小社負担）
ISBN978-4-502-25731-5　C3034

JCOPY〈出版者著作権管理機構委託出版物〉本書を無断で複写複製（コピー）することは，著作権法上の例外を除き，禁じられています。本書をコピーされる場合は事前に出版者著作権管理機構（JCOPY）の許諾を受けてください。
JCOPY〈https://www.jcopy.or.jp　eメール：info@jcopy.or.jp〉